풍경과 산행이 어우러진
멸종위기 야생화 탐방

풍경과 산행이 어우러진
멸종위기 야생화 탐방

초판 1쇄 발행 2025년 1월 5일

지은이 효빈
펴낸이 장길수
펴낸곳 지식과감성#
출판등록 제2012-000081호

교정 주경민
디자인 윤혜성
편집 윤혜성
검수 이주희
마케팅 김윤길, 정은혜

주소 서울시 금천구 벚꽃로298 대륭포스트타워6차 1212호
전화 070-4651-3730~4
팩스 070-4325-7006
이메일 ksbookup@naver.com
홈페이지 www.knsbookup.com

ISBN 979-11-392-2349-1(03810)
값 30,000원

- 이 책의 판권은 지은이에게 있습니다.
- 이 책 내용의 전부 또는 일부를 재사용하려면 반드시 지은이의 서면 동의를 받아야 합니다.
- 잘못된 책은 구입하신 곳에서 바꾸어 드립니다.

지식과감성#
홈페이지 바로가기

풍경과 산행이 어우러진

멸종위기 야생화 탐방

쓰고 담은이 효빈

책을 내면서

우리나라에는 산과 여행지 등 숨은 명소가 너무나 많다.
그곳에 시그니처 같은 야생화가 더해지는 순간 더욱이나 특별한 장소가 된다.
이번 《멸종위기 야생화 탐방》에서는 희귀식물, 특히 멸종위기 야생생물이 자생하는 산과 여행지 위주로 탐방을 하였고 싣게 되었다.
야생화는 물론 그곳의 역사와 문화, 생태 등을 소개하고 이 글을 정독하는 이들에게 살랑이는 마음 하나쯤 심어 준다면 그것으로 책을 내는 이유는 충분해진다.
그곳에 가면 그 꽃을 볼 수 있다는 믿음으로 떠나는 이들에게 조금이나마 지침이 되길 바란다.
우연히 만난 한 독자가 카메라와 렌즈는 뭘 쓰는지 궁금해했다.
필자는 매크로렌즈(접사렌즈)가 아닌 다용도로 쓰는 18~55번들렌즈와 550d, 700d를 여전히 사용하고 있다. 험지를 오르내리며 최소한 무게를 줄이고자 하는 것이다.

식물의 분류체계에 있어서는 산림청 국가표준식물목록을 기본으로 따랐지만 환경부 국립생물자원관의 분류체계를 따른 것도 있고 둘을 같이 표기한 것도 있음을 일러둔다.

환경부와 산림청에서 지정·관리하는 국가보호종에 대해, 그리고 문화재 지정번호에 관한 이야기, 문화재청이 국가유산청으로 바뀐 내용 등은 본문에 삽입했다.
전작들에 몇 차례 소개한 들풀꽃나무는 간단히 소개하거나 넣지 않았고, 대신 그 탐방지를 대표하는 야생화 위주로 실었다.
사진은 비슷한 다른 식물과 구별하기 쉽게 그 특징을 담으려 했고, 꽃만 봐서는 세세한 구별이 어려운 식물은 잎까지 함께 담았다.
어려운 용어는 알아듣기 쉬운 말로 풀어 쓰려 했다.
목차는 가벼운 트레킹 정도로도 볼 수 있는 멸종위기종과 해발 높은 산에 올라야 볼 수 있는 탐방지로 나눠 구성했다.

마지막으로, 까다로운 식생에 대해 함께 고민해 주시고 조언을 아끼지 않으시는 퍼스트님과 Y. H. 윤 선생님께, 그리고 믿고 따라 주는 효빈의 작은 들모님께도 감사 인사를 전한다.

2025년 1월 효빈

차례

책을 내면서   4

제1부 험준한 산의 갈채
높이 올라야 조우할 수 있는 희귀 야생화들

수려한 자연경관을 품은 가야산   11
여름 가야산에는 들꽃이 흐드러지게 수를 놓는다   19
가야산의 백미, 구름병아리난초와 한라송이풀   43

원시림을 간직한 청정 국망봉   61
광릉요강꽃과 애기송이풀을 키워 내다   67

천상의 화원 대덕산의 6월   97
꽃쥐손이와 선백미꽃 핀 길을 걸어   103
주인공 날개하늘나리를 만나다   122

대관령과 선자령의 8월, 야생화의 절정을 맞다   131
금꿩의다리가 유혹하는 숲을 따라서   134
선자령의 시그니처, 제비동자꽃과 애기앉은부채가 피어났다   158

제2부 잔잔한 숲길의 속삭임
가벼운 트레킹 속에서 발견하는 귀한 꽃들

대청도의 절경, 서풍받이와 나이테바위   167
멸종위기 대청부채를 찾아서   178

내장산 국립공원 입암산의 봄   199
개구리발톱도 왕괴불나무도 깨어났다   207
노랑붓꽃 너를 만나러 떠나온 길   229

세계적 여행지, 진안 마이산의 6월은   237
올해에도 귀한 그 꽃이 피었을까   252

역사와 함께 걷는 세계문화유산 남한산성   275
남한산성은 야생화의 교본   283
남한산성의 보물 같은 들풀꽃들   311

한탄강 유네스코 세계지질공원과 주상절리길   331
험지를 뚫고 꽃장포를 만나다   341
멸종위기종 분홍장구채가 피는 계절, 주상절리길을 걷다   357

제1부

험준한 산의 갈채
높이 올라야 조우할 수 있는 희귀 야생화들

풍경과 산행이 어우러진
멸종위기 야생화 탐방

수려한
자연경관을
품은
가야산

우리나라 22개의 국립공원 중 9번째(1972년)로 국립공원에 지정된 가야산은 전체 면적 76.256㎢로 경북 성주와 경남 합천의 경계에 자리하고 있다.
주봉인 상왕봉과 칠불봉을 중심으로 1,000m 이상의 연봉과 기암괴석이 병풍처럼 둘러쳐져 웅장한 산세를 자랑하고 우리나라 3대 사찰 중의 하나인 해인사가 자리해 사시사철 많은 관람객이 찾는 국립공원이자 명산이다.
불교의 성지라 할 수 있는 가야산은 해인사와 팔만대장경(대장경판), 홍류동 계곡, 상왕봉과 칠불봉, 만물상, 남산제일봉, 가야산 소리길 등 뛰어난 명승고적과 천혜의 자연경관으로 인해 예부터 뛰어난 지덕을 갖춘 산이라 여겨졌다.
해동(海東)의 10승지 또는 조선 팔경의 하나로 꼽혔을 만큼 산세가 아름답게 펼쳐지는 곳이다.
해인사 앞자락에 굽이쳐 흐르는 홍류동 계곡은 우리나라 팔경 중 으뜸이라 했고, 〈시무십조〉로 유명한 대학자 최치원 선생의 자취가 남은 농산정과 학사대 등의 유적이 남아 있다.
홍류동 계곡과 소나무 숲을 끼고 청량한 물소리, 새소리, 바람 소리를 느끼며 걸을 수 있는 가야산 소리길은 길이 험하지 않은 저지대라 남녀노소 누구라도 걸을 수 있는 가야산의 힐링 탐방로다.

정상 상왕봉을 오르는 코스로는 해인사에서 들머리를 삼기도 하지만, 만물상이 개방되면서 백운동탐방센터에서 만물상과 상왕봉을 거쳐 해인사로 하산하는 코스를 많이들 애용한다. 만물상에 볼거리가 많기 때문이다.
백운동 입구에서 만물상 거쳐 해인사까지는 약 11㎞로 온갖 기암을 보며 암릉을 오르내리다 보면 시간이 여유롭지 못하다는 걸 느끼게 된다. 그러니 체력과 시간을 안배해 넉넉히 잡고 진행해야 하는 코스다.
1972년 국립공원으로 지정된 이후로 가야산은 바위지대가 위험하다 하여 만물상을 37년간 통제하다 2010년 계단 공사와 재정비 사업을 거친 후 일반에게 개방이 되었다. 만물상 코스에 갈증을 느끼던 사람들에겐 더없이 반가운 소식이 된 것이다.

만 가지 형상으로 기암을 이루고 아찔한 절경을 마주할 수 있는 만물상은 개방 후 한동안 몰려드는 사람들로 몸살을 앓기도 했었다.

경북 성주군 수륜면 백운리 백운동탐방센터에서 만물상 코스는 시작된다.

육중한 바위가 너르게 펼쳐 있는 가야산 상왕봉(1,430m)이다. ▼

가야산 칠불봉(1,433m). ▲

가야산 만물상. ▼

가야산 정상은 상왕봉(우두봉)이지만 다시 측정한 결과 칠불봉이 3m 더 높아 칠불봉이 가야산 최고봉이 되었다. 그러나 여전히 칠불봉보다는 상왕봉을 주봉으로 여기는 사람들이 많다. 상왕봉은 경남 합천군에 속하고 칠불봉은 경북 성주군에 속하니 합천과 성주의 그 신경전이 느껴지기도 한다.

정상이 경남이든 경북이든 또 어디가 조금 더 높든지, 가야산의 진면목은 어딜 가지 않는다.

우두봉(상왕봉)은 거대한 암봉이다.

소머리를 닮았다 하여 우두봉이란 이름이 붙여졌는데, 부처님의 머리라 했던 분들에게 소머리라는 이름은 좀 거부감으로 다가올 수도 있겠다. 그러나 소 역시 불교적인 색채가 강하니 일맥상통하는 얘기일 수 있다.

정상석에는 한자로 우두봉이라 표기되어 있고, 조그맣게 한글로 상왕봉이라 써놓았다.

가야산이란 이름의 설도 다양하다. 옛날 가야국이 있던 자리에서 가장 높은 산이라 가야라는 이름을 얻었다고도 하고, 인도의 오래된 도시 가야시에 있는 부처님의 설법지 가야산에서 온 것이라고도 한다. 우두봉이란 이름도 소를 범어로 가야라고 하는 데서 붙여졌다 하니 부처님과 관련된 이름인 것은 확실해 보인다. 해인사의 영향이 컸을 것이다.

가야산은 상왕봉과 칠불봉, 만물상을 비롯한 공룡능선, 그리움릿지 등 암봉과 암릉이 아주 수려하고 아름답지만 희귀 야생화 산지로도 유명하다.

타 국립공원에 비해 비교적 적은 면적임에도 생태 다양성이 높고, 북방계식물의 남방한계선이자 아고산대 희귀식물과 멸종위기 식물이 자생하는 풍부한 자연자원을 간직하고 있다.

구름병아리난초와 한라송이풀, 설앵초, 흰참꽃나무, 여우꼬리풀, 백리향, 개회향, 대마참나물 등 평소엔 쉽게 접하기 어려운 아이들을 산중 바위틈에서 만나는 기쁨도 크다.

가야산을 이름으로 가지고 있는 가야산잔대와 가야산은분취(은분취로 통합)도 만날 수 있는 곳이다. 백운동 입구에 '가야산 야생화식물원'이 생긴 이유도 충분했을 것이다.

경남 합천군 가야면 치인리에 자리 잡은 해인사는 802년 신라 애장왕 3년에 이정과 순응이 창건하였는데 5차례가 넘는 화재로 거의 다 소실되고 대부분의 건물은 조선 말기의 것으로 전해진다.
해인사는 우리나라 삼보사찰 중의 하나인 법보사찰로 유명한 곳이기도 하다.
삼보란 불·법·승을 가리키는 말로서 석가모니 사리를 봉안한 불보사찰, 고려대장경을 보관한 법보사찰, 고승을 많이 배출한 곳을 승보사찰이라 하는데 영축산 통도사가 불보, 가야산 해인사가 법보, 조계산 송광사가 승보에 해당한다.
해인사는 국보이자 유네스코 세계기록유산인 합천 해인사 대장경판(우리가 흔히 팔만대장경이라 부르는 대장경)을 비롯해서 국보이자 유네스코 세계문화유산인 합천 해인사 장경판전 그리고 국보로 지정된 합천 해인사 고려목판까지 국보와 보물, 사적과 명승 등 수많은 문화재를 보유하고 있는 유서 깊은 사찰이다.

** 2021년 11월 문화재청 고시에 의해 문화재 지정번호가 폐지됨에 따라 이젠 더 이상 지정번호를 붙이지 않아도 된다.
이를테면 '국보 1호 숭례문'은 '국보 숭례문'으로, '보물 1호 흥인지문'은 '보물 흥인지문'으로, '천연기념물 제380호 마이산 줄사철나무 군락'은 '천연기념물 마이산 줄사철나무 군락'이라 하면 된다.
또한 2024년 5월 〈국가유산기본법〉과 〈정부조직법〉 일부개정안이 시행되면서 문화재청은 국가유산청으로 명칭을 변경하여 새롭게 출범하였다.
문화재 검색이나 국가유산에 대해 궁금한 사항이 있다면 이젠 문화재청이 아닌 국가유산청 홈페이지에 들어가 보면 된다.

고려시대 불교의 꽃이라 할 수 있는 대장경판(팔만대장경)과 장경판전(팔만여 장의 대장경판을 보관하는 건물)은 세계기록유산과 세계문화유산에 각각 지정되어 있다. 대장경 하나하나를 자세히 볼 수 없음이 아쉽지만 글꼴이 한 사람이 새긴 듯 일정해서 그 자체가 예술품처럼 느껴

진다 하니 세계적인 유산이 된 것은 당연한 수순이었다.

대장경은 부처님의 말씀인 경(經)·율(律)·논(論)의 삼장(三藏)을 말하는 것으로 불교 성전의 총칭이고 총서로 섬세하게 새겨진 목판 하나하나에 고려시대 불교의 모든 교리와 정신과 노력이 담겨 있다.

고려 헌종 때인 1011년에 새긴 초조대장경이 고려 고종 19년인 1232년 몽고의 침입에 의해 불타 버리자 몽고군의 침입을 불력으로 막아 보고자 하는 염원을 담아 다시금 대장경을 만들게 된다.

호국의 일념으로 시작한 대장경 사업이 워낙 커서 남해와 진주 지방에 분사도감을 설치해 판각을 나누어 진행하였다. 남해 쪽은 몽골의 병화가 미치기 어렵고, 경판 재료를 거제에서 구해 바닷가에서 제작하기 쉬운 데다 무신권력의 중심이었던 최우의 근거지였기 때문이다.

대장경판(팔만대장경)은 고려 고종 24~35년(1237~1248년) 때 간행되어 고려대장경이라고도 불리고, 8만여 판에 달하고 8만 4천 번뇌에 해당하는 8만 4천 법문을 실었다 하여 팔만대장경이라고도 부른다(간행시기를 1251년까지로 보는 학자들도 있다).

팔만대장경은 고려인의 정신세계와 고려 목판인쇄술의 높은 수준을 엿볼 수 있는 우수한 문화유산이다.

팔만대장경 내부는 사전예약 탐방제로 운영되고 해인사 홈페이지에서 확인할 수 있다.

가야산을 대중교통으로 이용하자면 대구서부버스정류장에서 해인사행 버스는 그래도 자주 있는 편이다. 만물상 코스는 경북 성주에서 오가는 버스가 몇 대 있지만 근처의 지역민이 아니라면 차 시간 맞추기가 힘들다. 대구서부정류장에서 해인사행 버스를 타고 가야에서 하차해 택시를 이용하는 게 가장 수월한 방법이다. 2024년 하반기 기준 택시비는 13,000원 균일제로 받고 있다.

여름 가야산에는 들꽃이 흐드러지게 수를 놓는다

8월 초 가야산에서 만난 들풀꽃나무는 구름병아리난초, 한라송이풀, 대마참나물, 은분취(가야산은분취는 은분취로 통합), 가야산잔대, 모시대, 네귀쓴풀, 검나무싸리, 여우꼬리풀, 긴산꼬리풀, 산오이풀, 산쥐손이, 개회향. 푸른여로, 산꿩의다리, 자주꿩의다리, 은꿩의다리, 곰취, 수리취, 미역취, 송이풀, 정영엉겅퀴, 두메고들빼기, 구실사리, 금마타리, 기린초, 산층층이, 참배암차즈기, 흰참꽃나무, 산앵도나무, 회목나무, 백운산원추리, 정금나무, 대팻집나무, 노각나무, 바위채송화, 바위떡풀, 난쟁이바위솔, 설앵초, 천마, 솔나리, 물매화, 개쑥부쟁이, 알며느리밥풀, 일월비비추, 영아자, 참취 등이다. 이 외에도 많은 들풀꽃나무가 자라고 있지만 꽃이 핀 위주로 실었다.

귀한 이들 만나러 정상으로 가는 길, 가볍게 꽃며느리밥풀속부터 만나보자. ◀ ▲

꽃며느리밥풀속에는 꽃며느리밥풀, 알며느리밥풀, 새며느리밥풀, 수염며느리밥풀, 애기며느리밥풀, 긴꽃며느리밥풀 등이 있는데 포의 가시돌기, 잎의 넓이, 화서와 줄기의 털 등에 따라 이름이 달라진다. 구별이 쉽지는 않다.

이 개체는 잎이 상대적으로 넓은 편에 속하며 포의 돌기는 많은 데다 길고, 꽃은 꽃며느리밥풀보다 조밀하게 달리는 알며느리밥풀(현삼과 꽃며느리밥풀속)이다. 알며느리밥풀과 비슷한 새며느리밥풀은 잎이 좁은 피침형으로 포엽에는 붉은색 가시가 많다. 알며느리밥풀은 새며느리밥풀의 변종으로 알려져 있다.

기본형의 꽃며느리밥풀은 포의 돌기가 아래쪽에만 일부 있을 뿐 거의 없는 편이다.

기본형인 꽃며느리밥풀(현삼과 꽃며느리밥풀속)이다. 포엽의 돌기가 거의 없고 잎은 좁은 난형이거나 긴 난형에 속한다. 꽃은 성글게 달리는 편이다. ▶

8월 초, 가야산 등산로에서 가장 많이 만난 것 중 하나는 이 꽃이다.
흰 꽃에 잎이 3장씩이라 얼핏 참나물처럼 보이기도 하지만 잎이 참나물에 비해 뻣뻣한 게 느껴진다. 이것이 대마참나물(산형과 대마참나물속)이다.
처음 일본 대마도에서 발견되어 붙여진 이름이고 일본 특산종으로 알려졌지만 우리나라 산지에서도 자생하고 있다. 필자가 주로 접한 곳은 가야산권, 지리산권, 속리산권이다.
참나물 열매가 매끈한 구형이라면 대마참나물 열매의 횡단은 마름모 형태의 오각형으로 열매에 돌출된 늑선(식물 열매 겉면에 세로로 융기한 여러 개의 선)이 있다. 대마참나물은 검은빛에 가까운 검붉은색으로 익어 간다. ▼

가야산 깃대종인 가야산은분취(국화과 취나물속)는 아직 꽃망울만 맺었다(꽃은 9월 초 모습이다).

가야산 높은 바위 주변에서 자라는 가야산은분취는 처음 가야산에서 발견되어 붙여진 이름이지만 가야산에서만 관찰되는 것은 아니고 설악산, 속리산 등 깊고 높은 산에서도 만날 수가 있다.

거의 흡사하고 구별도 모호해서 은분취와 가야산은분취를 굳이 따로 나눌 필요가 있을까 하는 의문점이 항상 있던 녀석이다. 가야산은분취의 포편이 보통 6줄(7줄 이하)이라면 은분취의 포편은 8~11줄로 구별을 했었는데 〈가야산은분취의 분류학적 재검토〉라는 논문에 의해 은분취와 형질이 다름없다는 것을 밝혀내 가야산은분취는 은분취로 통합되었다. 그러니 이제 은분취(국화과 취나물속)라 부르면 된다. 국가표준식물목록에도 가야산은분취는 사라졌다.

은분취라는 이름은 잎 뒷면에 거미줄 같은 은색 털이 밀생해 붙여졌다. 가야산을 대표하는 깃대종이 가야산은분취인데 은분취에 통합되었으니 가야산 국공측은 깃대종을 변경할 것인지 그것도 궁금해진다. ▲

** 포편이란 꽃 아래를 받치는 비늘 모양(돌기 모양)을 말한다. 총포는 여러 개의 포편(포엽)이 뭉쳐 형성되었는데 잎이 변한 것으로 꽃을 보호하는 역할을 한다.

가야산잔대(초롱꽃과 잔대속)다. ▲ ▶

잔대는 참 복잡 다양하고 변이도 많은 데다 도감이나 논문 자료들마다 내용이 상이한 경우도 있어 혼란스러운 식물이다. 가야산잔대의 잎은 돌려나기 하고 선형이거나 넓은 선형, 선상 피침형이고, 강원도 산에서 가장 많이 접하게 되는 넓은잔대보다 잎이 좁고 작고, 화서는 갈라져 꽃이 풍성한 편이다. 두메잔대는 잎이 어긋나기 하는데 돌려나기 한다고 그동안 잘못 기재되어 혼란을 부추기기도 했다. 그래서 가야산의 잔대를 두메잔대로 부르는 사람들도 있다. 가야산잔대의 잎 변이폭도 넓기 때문이다.

가야산 정상 일대의 가야산잔대 꽃은 흰색부터 연한 자색까지, 잎은 좁은 피침형부터 넓은 난형까지 다양했지만 아주 소담하니 키가 작고 잎도 작다는 공통점은 있었다.

** 잎자루가 길면 모시대 종류, 잎자루가 짧으면 잔대 종류라 생각해도 좋다. 모시대는 주로 어긋나기 한다면 잔대 종류는 돌려나기 하는 경우가 많다. 물론 잔대도 어긋나기 하는 경우가 있는데 두메잔대, 수원잔대, 진퍼리잔대, 톱잔대가 그렇다. 넓은잔대와 모시대에 대해서는 선자령 편에, 수원잔대와 당잔대에 관해서는 대청도 편에 실었다.

높은 고산의 바위 주변에서 자생하는 개회향(산형과 기름당귀속)이다. ▲
잎은 실처럼 가늘고 줄기잎은 3~4회 갈라지는 깃꼴겹잎이다.
생육조건이 비슷한 석병산과 가야산이 주 서식지로 많이 알려져 있다.
바위를 좋아하는 개회향과 달리 비슷한 고본(산형과 당귀속)은 초지를 좋아하고 잎의 너비도 더 넓은 편이다.
개회향 키가 10~30㎝라면 고본은 30㎝ 이상으로 개회향보다 크고, 개회향 잎은 3~4회 깃꼴겹잎이라면 고본은 3회 깃꼴겹잎이다.
개회향은 꽃의 총산경이 10개 미만이라면 고본은 15~20개(10~20개) 정도다.

얼핏 같은 진달래속의 꼬리진달래나 털진달래라 생각할 수도 있고 이 이름이 생소하게 느껴지는 사람들도 있을 것이다. 흰참꽃나무(진달래과 진달래속)가 어느새 열매를 달았다. ▶
척박한 고산의 능선 바위지대에서 자생하는데 잎 표면에 누운 털이 밀생해 털진달래가 아닌지 의심할 수도 있다.

주 서식지는 가야산이 대표적이고 지리산 덕유산 등 남부의 고산지역 몇몇을 빼고는 대면하기 어렵다. 2012년 개정판 희귀식물에는 위기종으로 지정되어 있고, 2022년 발간한 한국의 국가 적색목록에는 준위협으로 평가되어 있다.

보통 5~6월에 꽃이 피는 흰참꽃나무 꽃은 4~5갈래의 깔때기 모양으로 지름이 7~8㎜로 자그마하고 평소 접하기 어려운 독특한 매력이 있다. 이 꽃은 꼬리진달래로 착각할 수도 있다. ◀

이것이 꼬리진달래(진달래과 진달래속) 꽃과 열매다. ▲

꼬리진달래는 흰참꽃나무에 비해 상대적으로 해발이 조금 낮은 곳, 경북이나 충북의 바위산에서 주로 서식을 한다. 그 지역의 바위와 소나무가 많은 산지에선 쉬 접할 수 있어 귀함을 잊게 되는 진달래속이다. 흰참꽃나무에 비해 서식지와 개체수가 풍부한 편이지만 흰참꽃나무와 같이 적색목록 준위협에 평가되어 있다.

** 환경부와 산림청에서는 국가보호종을 지정하여 관리하고 있다. 환경부는 2022년 개정한 멸종위기 야생생물 Ⅰ급과 Ⅱ급을, 산림청 국립수목원에서는 2012년 개정 희귀식물이 있고, 2022년엔 세계자연보전연맹 기준에 따라 적색목록을 발표했다.

세계자연보전연맹(IUCN)은 생물다양성 손실을 막고 보전을 위하여 설립된 국가기구다.
적색목록(Red List) 범주 및 기준은 전 지구적 멸종위협이 높은 생물종을 명확하고 객관적인 틀을 통해 과학적으로 분류해 내기 위해 도입된 시스템이다.
이에 발맞추어 국립수목원에서는 2022년 국내 자생식물 중에 적색목록 평가를 시도해 여러 번의 개정 과정을 통해 9개의 범주(categories)를 제시하고 있다. 9개 범주는 멸종, 야생멸종, 위급, 위기, 취약, 준위협, 약관심, 정보부족, 미평가다.
멸종과 야생멸종은 더 이상 야생에서 볼 수가 없는 상태를 말하므로, 야생에서 만날 수 있는 가장 등급이 높은 것은 멸종 우려가 되는 위협범주에 위급과 위기, 취약이 이에 속하고 낮은 위기에 준위협과 약관심, 기타 등급으로 정보부족과 미

평가로 나뉘게 된다.

2012년판 희귀식물 목록에는 포함되어 있지만 2022년 적색목록에는 빠진 종들도 있고, 새로 추가된 종들도 있어 희귀식물 분포나 개체수의 변화를 가늠하게도 한다.

법정 개정이 되지 않았으므로 기본적으로 2012년의 희귀식물 목록을 따라야 하지만 새롭게 발표한 적색목록을 따르려 한다.

이 책에 실린 식생 중 낮은 위기인 약관심과 기타 등급(정보부족, 기평가)에 해당되는 종들에 대해서는 따로 언급하지 않았다는 점도 밝혀 둔다.

봄에 꽃이 피었다가 이젠 열매를 맺은 설앵초(앵초과 앵초속)다. ▲
설앵초는 가야산과 신불산(영축산) 일대, 그리고 한라산 등 남부지방 고도 높은 몇

산에서만 자생하는 우리나라 특산식물이자 적색목록 위기로 평가받는 귀한 종이다. 5~6월에 설앵초를 보기 위해서는 영남알프스나 가야산, 한라산을 힘들여 올라야 대면하게 되니 만남 자체가 뿌듯해지는 여러해살이풀이다.
화사하던 꽃이 지고 열매를 맺은 모습은 초연함마저 느껴진다.
설앵초(앵초과 앵초속) 꽃은 국망봉 편에 큰앵초를 담으며 앵초와 더불어 비교해 실었다.

긴산꼬리풀(현삼과 꼬리풀속)이다. ▲
무조건 꽃대가 길게 빠지면 긴산꼬리풀(현삼과 꼬리풀속)이라 하는 사람들도 많지만 산꼬리풀(현삼과 꼬리풀속) 역시 꽃대가 길어 단순히 꽃을 보고 구별하는 것은 무리가 아닐까 싶다.

산꼬리풀 잎은 마주나기, 긴산꼬리풀 잎은 돌려나기나 마주나기 한다. 잎의 폭에 대해서는 자료마다 다르고 변이가 있어 구별이 쉽지 않다.
산꼬리풀은 잎자루가 거의 없다면, 긴산꼬리풀은 아주 짧은 잎자루가 있지만 거의 차이가 없다.
산꼬리풀은 가지를 거의 치지 않는다면, 긴산꼬리풀은 잎겨드랑이에서 꽃대를 만들어 가지를 많이 치는 편이다. 산꼬리풀은 줄기에 잔털이 있고, 긴산꼬리풀은 털이 없거나 짧은 털이 있다. 그러나 이런 특징들이 뚜렷하게 다 드러나지는 않는 편이다.
가야산의 꼬리풀은 고산이라 키가 작지만 가지를 많이 치는 긴산꼬리풀이 많이 보였고, 큰산꼬리풀과 산꼬리풀의 특징이 섞여 있는 것들도 보였다. 자신이 없을 땐 그저 산꼬리풀로 불러 줘도 무방하지 싶다.
수목원에 식재해 둔 산꼬리풀, 긴산꼬리풀, 큰산꼬리풀을 보고 구별해 보려 노력했지만 큰 차이를 느끼지 못해 허탈한 발걸음을 돌린 적도 있다.
이들은 통합을 시켜도 좋지 않을까 개인적인 바람도 해 보게 된다.

흔하지만 언제 어디서나 꽃다운 모습으로 반기는 개쑥부쟁이(국화과 참취속)다. ▼

좁고 긴 타원형의 줄기잎은 다닥다닥 달리고 줄기가 많이 갈라지는 편이다.
그러나 개쑥부쟁이는 갯쑥부쟁이(국화과 참취속)의 오동정이었다는 논문으로 인해 논란이 있는 종이다.

** 개쑥부쟁이와 갯쑥부쟁이에 대한 논란은 2017년 안동대학교 김재영의 논문 〈한국산 갯쑥부쟁이 복합체(Aster hispidus complex)의 분류학적 재검토〉에 기인한 것이다.
우리가 흔히 만나는 개쑥부쟁이는 갯쑥부쟁이의 오동정이었다 한다. '갯'이라는 접두사가 해안가 근처에서만 자라는 것으로 오인하게 만든 이유였을 것이다. 물론 갯쑥부쟁이의 해안형과 내륙형의 형태는 조금 차이가 있다. 갯쑥부쟁이는 산이나 들, 바닷가 근처 어디든 흔하게 만날 수 있지만 개쑥부쟁이는 북방계식물로 우리나라에서는 설악 일대에서만 확인되었다고 한다. 그러나 이를 부정하는 사람들도 있고, 여전히 개쑥부쟁이로 부르는 사람들이 많은 데다 기존 그대로 분류하기도 해서 혼란을 부추기는 존재다. 설상화나 관모 등을 하나하나 떼어서 자세히 살피고 접사를 해야 하니 그냥 육안으로는 구별이 어렵다.
우리가 흔히 꽃잎이라 부르는 설상화(혀꽃)의 씨방 아래 깃털(관모)이 짧고 흰색이면 갯쑥부쟁이, 설상화의 깃털이 길고 갈색이면 개쑥부쟁이라는 결론이다.
그래서 야생화를 좀 안다는 일부 사람들은 개쑥부쟁이를 갯쑥부쟁이로 분류하기도 하지만 국립수목원의 국가표준식물목록이나 국생종(국가생물종지식정보시스템)에는 기존 그대로 유지되고 있어 필자 역시 갯쑥부쟁이 대신 개쑥부쟁이 그대로 분류하고 표기하고 있다.
국생종에 개쑥부쟁이와 갯쑥부쟁이는 그대로 유지하고 있지만 눈개쑥부쟁이는 눈갯쑥부쟁이로 등재되어 있다.

쑥부쟁이는 총포, 관모 길이, 설상화, 잎 등 미세한 차이 등에 따라 이름이 달라지기 때문에 상당히 까다로운 집안이다. ▲
그 복잡한 쑥부쟁이 종류 중에 이 녀석이 아무 수식 붙지 않는 쑥부쟁이다. 잎에 드문드문 큰 톱니가 있고, 설상화는 다른 쑥부쟁이보다 짧고 넓은 편이다. 쑥부쟁이는 개쑥부쟁이보다 잎이 좀 더 넓은 타원형이고 개쑥부쟁이처럼 가지를 많이 치지 않는 특징도 있다.
높고 깊은 산중에서는 개쑥부쟁이를 주로 보게 되는 반면 아무 수식 붙지 않는 쑥부쟁이는 들가나 저지대 산기슭에서 주로 만나게 된다. 쑥부쟁이보다 잎의 톱니가 더 깊고 날카로우면 가새쑥부쟁이다.

쑥부쟁이는 '쑥을 캐러 다닌 불쟁이(대장장이)의 딸'에서 유래하였다는 전설이 있다. 쑥을 캐 가족의 생계를 돕던 대장장이(불쟁이→부쟁이)의 딸이 사모하던 사람을 기다리다 절벽에서 발을 헛디뎌 떨어져 죽은 뒤 죽은 자리에서 핀 꽃이 있었는데 마을 사람들은 그 꽃을 쑥부쟁이라 불렀다 한다.

또 하나는 쑥과 부지깽이 나물의 합성어로 쑥부쟁이가 되었다는 설도 있다.

** 쑥부쟁이에는 쑥부쟁이, 가새쑥부쟁이, 개쑥부쟁이, 갯쑥부쟁이, 섬갯쑥부쟁이, 눈갯쑥부쟁이, 섬쑥부쟁이, 단양쑥부쟁이, 가는쑥부쟁이, 긴쑥부쟁이, 추산쑥부쟁이, 왕갯쑥부쟁이, 까실쑥부쟁이 등 종류도 다양하고 구별도 까다롭다. 이 모든 걸 구별할 만큼의 열정과 관심이 아니라면 최소 구절초와 쑥부쟁이 정도라도 구별을 해 보면 좋겠다.

쑥부쟁이 꽃 색이 희게 보이면 구절초라 생각하는 사람들도 있는데 꽃 색은 햇살이나 환경에 따라 달라질 수도 있으니 잎 모양을 기억하는 게 좋다.

꽃도 쑥부쟁이 종류보다는 구절초 꽃이 크다.

구절초(국화과 구절초속)다. ▶

구절초는 음력 9월 9일 중양절에 채취해 쓰면 약효가 가장 좋아 아홉 구와 중양절의 절 또는 꺾을 절을 써 구절초가 되었다. 9월 9일에 줄기가 아홉 마디가 된다는 뜻에서 유래된 이름이기도 하다.

쑥부쟁이가 7월부터 꽃이 피기 시작한다면 구절초는 이르면 8월부터 보통은 가을의 꽃으로 9월부터 피는 경우가 많다.

꽃은 보통 백색이지만 붉은빛이 도는 것도 있다.

쑥부쟁이에 비해 두상화가 크고, 쑥부쟁이는 잎이 주로 긴 타원형이라면 구절초는 달걀모양 또는 넓은 달걀모양으로 심장저에 가깝다. 물론 구절초도 잎의 모양에 따라 포천구절초, 바위구절초, 산구절초, 남구절초, 한라구절초 등으로 나뉘지만 그래도 기본형을 알면 대입이 가능해진다.

쑥부쟁이에서는 큰 향이 나지 않지만 구절초에서는 산국이나 감국 같은 한약재 비슷한 향이 있다.

위는 송이풀(현삼과 송이풀속)과 미역취(국화과 미역취속), 아래는 바위떡풀(범의귀과 바위떡풀속)과 난쟁이바위솔(돌나물과 난쟁이바위솔속)이다.

회오리나 부메랑 형태로 꽃을 피우는 송이풀의 기본형은 홍자색을 띠는데 가야산엔 이맘때 흰색의 송이풀이 주를 이룬다. 국가표준식물목록에는 흰송이풀이 아닌 송이풀만이 등재되어 있다. 그러니 '흰송이풀'이라 붙여 쓰면 안 되고 '흰 송이풀' 또는 '흰색의 송이풀'처럼 띄어 써야 한다.

바위떡풀과 난쟁이바위솔은 이름에 바위가 들어갔듯 둘 다 바위에 터를 잡는 습성이 있다. ▲

33

여름철 바위산에서 쉽게 볼 수 있는 바위채송화(돌나물과 돌나물속)와 돌양지꽃(장미과 양지꽃속)이다. 바위채송화는 바위에서 자라고 채송화를 닮아 붙여진 이름으로 시골의 민가 주변에서 많이 볼 수 있는 돌나물과도 비슷하게 생겼다.
양지꽃 종류 중에 여름에 피는 양지꽃으로는 습한 주변에서 자라는 물양지꽃, 그리고 바위(돌)에 터를 잡는 돌양지꽃이 대표적이다.
귀한 이들 많고 많지만 바위산에서는 빼놓을 수 없는 터줏대감 같은 존재들이다. ▲

습한 곳에 서식하는 물매화(범의귀과 물매화속 또는 물매화과 물매화속)다. 물가에서 자라고 매화를 닮았다 해서 붙여진 이름이다.
흰색의 꽃잎은 5장, 수술 5개, 헛수술은 5개인데 헛수술은 다시 12~22개로 갈라져 물방울 모양의 가짜 꿀샘을 달고 벌과 나비를 유인하는 역할을 한다.
가운데 암술대는 4개로 갈라지는데 꽃밥이 붉은색을 띠는 물매화도 있다.
적색목록 약관심으로 단계는 낮지만 꽃을 찾아다니는 사람들로부터 귀한 대접과 큰 사랑을 받는 대표적인 꽃이 물매화다. 꽃도 예쁘지만 원줄기를 감싸는 자그마한 잎도 너무나 앙증맞다. ▼

가야산 정상부 주변엔 자주꿩의다리(미나리아재비과 꿩의다리속)가 많다. ▶
키가 50㎝까지도 자라지만 해발 높은 산정 주변에서 자라는 자주꿩의다리는 유독

작아 한 뼘이나 될까 한다. 귀한 꽃들과의 경쟁에서도 그 아담한 자태로 시선을 붙잡는다.
꿩의다리라는 이름은 식물 줄기가 마치 꿩의 다리처럼 가느다랗고 연약해 보여 붙여진 이름이다.

은꿩의다리(미나리아재비과 꿩의다리속)다. ◀
자주색 꽃이 핀다고 무조건 자주꿩의다리가 아니다. 자주꿩의다리나 은꿩의다리도 흰색에 가깝게 필 수 있고 그늘진 곳, 양지바른 곳 등에 따라 꽃 색은 조금씩 달라질 수 있다.

깊은 산중에서 가장 쉬 접할 수 있는 꿩의다리는 산꿩의다리, 자주꿩의다리, 은꿩의다리다.
산꿩의다리, 자주꿩의다리에 비해 은꿩의다리(미나리아재비과 꿩의다리속) 잎이 넓

은 편이다.

은꿩의다리는 한반도 특산종으로 잎이 넓은 달걀모양이거나 난상 원형 네모진 타원형으로 결각상 톱니가 있다.

산꿩의다리나 자주꿩의다리의 수술대 끝이 볼링핀처럼 뭉툭하다면 은꿩의다리는 가느다랗게 일자로 뻗는 특징이 있다.

7월 말~8월 초의 가야산에는 봐야 할 진귀한 야생화가 많이 있지만 소담스레 피어난 백운산원추리가 유독 사랑스럽게 느껴진다. 바람 심한 정상부에 자라서인지 키는 작지만 오히려 눈길이 가는 녀석이다. ▲

백운산원추리(백합과 원추리속)는 우리나라 특산종으로 전남 백운산에서 처음 발견되어 붙여진 이름이다. 원추리 종류 중에 산이나 야생에서 가장 흔하게 만나는 것은 대부분 백운산원추리가 많다.

백운산원추리의 전체적인 크기는 약 50~100㎝지만 가야산의 해발 높은 정상부에 자라는 원추리는 그 절반쯤으로 자라고 있다. 진노랑색 꽃은 지름이 보통 10㎝ 이하로 꽃자루 끝에 화서가 2~3회 깊게 갈라져 띄엄띄엄 핀다.

가야산 정상부의 이 원추리를 잎에 골이 있다고 골잎원추리라 잘못 부르기도 하는데 이것은 백운산원추리다.

** 원추리에 대해 알아보자.
아무 수식 붙지 않는 원추리와 왕원추리는 중국 원산으로 주황색 꽃을 피우고 자생식물이 아닌 화단에 식재하는 재배식물이다. 자생의 원추리는 백운산원추리, 큰원추리, 태안원추리, 노랑원추리, 홍도원추리, 골잎원추리, 각시원추리, 애기원추리 8종이 있다.
골잎원추리, 각시원추리, 애기원추리 3종은 중국과 백두산 등에 자생하고 우리나라에서는 만날 수 없다.
그러면 우리나라 야생에서 볼 수 있는 자생의 원추리는 백운산원추리, 큰원추리, 태안원추리, 노랑원추리, 홍도원추리 5종만 남게 된다.

꽃이 연한 노랑원추리는 주로 남부와 제주의 습지에서 자라고 늦은 오후, 5시 이후에 꽃을 피우는 야간형이다.
큰원추리는 꽃자루 없이 화서가 분지하지 않고 꽃줄기 끝에 꽃이 모여 피고 꽃줄기는 잎보다 길고, 포엽 끝이 꼬리처럼 뾰족하다. 큰원추리는 듀유산이나 설악산처럼 고산부에 자생한다.
잎이 좁고 태안의 해안가나 숲에 자라는 태안원추리, 홍도를 포함한 전남의 섬이나 태안 섬 등에 자생하는 홍도원추리가 있는데 우리가 보는 대부분은 백운산원추리 그리고 고산엔 큰원추리가 있다.
보통 원추리로 유명한 덕유산 원추리를 각시원추리라 많이들 부르는데 위에서 말했듯 각시원추리는 우리나라에 없으니 잘못 불리는 것이고 큰원추리와 백운산원추리 두 종이 섞여 자라고 있을 뿐이다.

둥근이질풀(쥐손이풀과 쥐손이풀속)과 비슷하지만 둥근이질풀보다 꽃이 작은 산쥐손이(쥐손이풀과 쥐손이풀속)다. ▶

주로 높은 산 정상부에 자생하기 때문에 쉬 접할 수 없는 산쥐손이는 둥근이질풀보다 꽃이 작고 잎은 깊게 갈라진다. 산쥐손이는 주로 해발 높은 설악산이나 한라산, 가야산 등에서 만날 수 있다. 이질풀, 쥐손이풀, 세잎쥐손이 등은 저지대에서, 둥근이질풀, 산쥐손이, 큰세잎쥐손이, 꽃쥐손이 등은 고지대에서 볼 수 있다.

고산의 곰취(국화과 곰취속)는 전체적으로 작고 왜소하다.

잎이 곰 발바닥을 닮아 그리고 곰이 이 나물을 좋아해 붙여졌다는 설도 있다.

취로 먹을 수 있는 곰취는 시중에서 곤달비가 곰취로 가장해 시판되기도 한다. 매우 흡사하기 때문이다.

곰취는 꽃잎처럼 보이는 설상화(혀꽃)가 보통 5장 이상이라면 곤달비는 1~3개 또는 많아야 4장이다.

곤달비는 꽃차례가 짧아 이삭 모양으로 다닥다닥 붙는 느낌으로 꽃을 피운다. 곰취 잎사귀는 둥근 하트 모양이라면, 곤달비는 줄기와 이어지는 잎사귀 가운데가 각진 모양을 한다. 높은 산에 자생하는 곰취와 달리 곤달비는 저지대나 섬에서 잘 자라 곰취에 비해 재배가 쉬운 편이다. ▲

여우꼬리풀(백합과 쥐꼬리풀속)이 열매를 달고 있다. ▼

여우꼬리풀이라는 이름은 꽃차례가 여우 꼬리를 닮았다 하여 붙여졌다.

쥐꼬리풀속에는 쥐꼬리풀, 끈적쥐꼬리풀, 여우꼬리풀이 있는데 모두 흡사하게 생겼다. 특히 여우꼬리풀과 끈적쥐꼬리풀에 대한 자료가 미비하고 모호함이 있다.

쥐꼬리풀은 남부지방 주로 전남에 자생하고 끈적쥐꼬리풀은 설악에 자생하는데 꽃차례나 줄기, 화피 등에 샘털이 나서 만지면 끈적거려 붙여진 이름이다.

여우꼬리풀은 가야산(합천)이나 지리산(산청) 그리고 설악산(양양) 등의 북부에 분포한다는 국생종 자료가 있다.

끈적쥐꼬리풀이 샘털이 있어 붙

여진 이름이지만 여우꼬리풀 역시 샘털이 있기도 해서 두 종은 전문가들의 연구가 더 필요하지 않나 싶다.
쥐꼬리풀에 비해 끈적쥐꼬리풀과 여우꼬리풀의 잎이 넓은 편이다.

얼핏 싸리나 참싸리로 착각할 수도 있다. 검나무싸리(콩과 싸리속)다. ▶
검나무싸리는 가야산 덕유산 속리산 백운산 한라산 등 해발 높은 중부 이남, 남부지방의 고산에서 볼 수 있는데 주요 특징은 잎 끝에 돌기가 있고 흑자색을 띠는 꽃은

다른 씨리보다 작고 무엇보다 꽃받침 열편 끝이 둔하고 완만하고 열편 길이가 비슷하다.
싸리의 꽃받침은 삼각상 피침형, 참싸리의 꽃받침은 깊게 갈라지고 끝이 날카로운 편이다. 싸리 종류에 대해서는 남한산성 편에 실었다.

반가운 존재다. 야생의 천마(난초과 천마속)다. ◀
더군다나 이제야 꽃이 피는 싱싱한 모습을 보여 주고 있다.
꽃이 피기 전에 약재로 캐어 가는 바람에 요즘엔 쉽게 보기가 힘든 천마 꽃을 만났으니 행운인 날이다.
깊은 산 낙엽이 쌓인 부식질의 토

양에서 잘 자라는데 엽록소가 없는 부생식물로 잎은 퇴화하여 볼 수가 없다. 희귀식물에는 취약종, 적색목록에는 약관심에 평가되어 있다.

꽃잎이 푸른색인 푸른여로(백합과 여로속)다. ▶

** 기본종인 여로는 자주색, 참여로는 어두운 자주색(흑자색), 흰여로는 흰색, 푸른여로는 꽃잎 전체가 푸른색, 파란여로는 푸른 바탕에 자주색(붉은색) 무늬가 있다.

여로 중에서 가장 접하기 어려운 여로가 아닐까 싶다. 꽃잎은 녹색 바탕에 가운데 자줏빛 무늬가 뚜렷한 파란여로(백합과 여로속)다. ▼

흰색 꽃을 피우는 흰여로(백합과 여로속)와 자주색 꽃을 피우는 기본종인 여로(백합과 여로속) 그리고 진짜 여로라는 뜻의 참여로(백합과 여로속)다. ▼

참여로는 얼핏 여로와 비슷하지만 검은빛을 띠는 자주색(흑자색) 꽃이 원뿔 모양으로 줄기에 다닥다닥 붙어 피는 특징이 있다. 그에 비해 여로는 성글게 달린다. 여로의 잎이 가느다랗다면 참여로는 박새 잎처럼 넓어 새순이었을 때는 박새와 구별이 어렵다. 여로보다 참여로 보기가 더 힘들다.

여로라는 이름은 갈대처럼 생긴 뿌리줄기가 검은색이어서 검을 려(黎), 갈대 로(蘆)를 써 여로가 되었다.

가야산의 백미, 구름병아리난초와 한라송이풀

고산부에서 만날 수 있는 네귀쓴풀(용담과 쓴풀속)이다. ▶
높이 올라야 볼 수 있는 쓴풀인 데다 청자빛의 고상함에 매료된다. 귀처럼 생긴 꽃잎이 네 개로 갈라진다 하여, 그리고 쓴맛이 난다 하여 붙여진 이름이다. 이 네귀쓴풀을 보면 마치 옛 선비들이 가지고 다니던 연적 같단 생각을 하곤 한다. 아주 자그마한 연적에 청화로 문양을 그려 넣고 잘 구워 만들어 낸 자기.

** 쓴풀에는 꽃잎이 4장인 4수성의 네귀쓴풀, 큰잎쓴풀, 대성쓴풀이 있고, 꽃잎이 5장인 5수성에 자주쓴풀, 쓴풀, 개쓴풀 등이 있다. 산행 중에는 자주쓴풀을 가장 쉬 만날 수 있고, 큰잎쓴풀과 대성쓴풀은 특정 지역에서 귀하게 만나게 된다.
대성쓴풀만이 대성쓴풀속에 속하고 나머지는 쓴풀속에 속한다.

긴산꼬리풀, 백리향, 곰취, 개쑥부쟁이 등이 피어나 꽃밭을 이룬 8월의 가야산.

정상 바위 곳곳에 백리향이 드넓게 수를 놓은 가야산의 8월 초 풍경이다. 그곳에 백운산원추리도 합세를 한다. ▲

백리까지 향이 퍼져 나간다 하여 이름 붙여진 백리향(꿀풀과 백리향속)은 적색목록은 약관심이지만 실상 일반 산행 때에는 백리향을 거의 볼 수가 없다. 대표적인 백리향 자생지는 여기 가야산과 강원도 석병산이다. 두 산 모두 해발 높은 바위산이라는 공통점이 있는데 고산의 석회암지대, 바위를 좋아하는 특징이 있기 때문이다. 제주 한라산에서도 백리향을 볼 수 있고 섬백리향은 울릉드에 자생한다. ▲

가야산 정상 일대엔 산오이풀(장미과 오이풀속)이 군락을 이뤄 장관을 연출한다. ▶

고도가 높은 깊은 산중에서 볼 수 있는 여러해살이풀이다.

오이풀이라는 이름은 잎을 비벼 보면 오이 냄새가 난다 하여 붙여졌다.

기본형인 오이풀(장미과 오이풀속)이다. ◀

오이풀은 산오이풀에 비해 상대적으로 저지대에서 볼 수 있다. 물론 한라산의 오이풀은 1,000m가 넘는 고산에서 볼 수 있다. 한라산에서 자생하는 오이풀은 원래 구슬처럼 둥글고 작아 구슬오이풀이었는데 오이풀로 통합되었다.

산오이풀

가야산 한정된 장소에서만 제한적으로 자라고 있는 한라송이풀(현삼과 송이풀속)이다. ▲ 한라송이풀은 우리나라 특산식물이자 환경부 지정 멸종위기 야생생물 2급으로 이젠 거의 가야산에서만 볼 수 있는 실정이다. 산림청 희귀식물에는 멸종위기종에 지정, 적색목록에는 평가되지 않았다.

예전에는 가야산의 이 송이풀이 구름송이풀로 알려졌는데 연구 결과 한라송이풀로 확인되었다 한다. 그러나 여전히 구름송이풀과 동일종으로 취급하기도 하고 근연종으로 보는 학자들도 있다.
2011년 한국식물분류학회지의 논문에 한라송이풀은 이삭송이풀에 통합해 보고 있어 설악산의 이삭송이풀처럼 이삭송이풀이라 부르는 사람들도 있다.
하나같이 귀하고 보기 힘든 한라송이풀, 구름송이풀, 이삭송이풀에 대한 연구는 더 진행이 필요하지 않을까 싶다.
구름송이풀은 북반구지역 고산 툰드라에서 잘 자라는데 구름송이풀을 볼 수 있는 대표적인 곳은 백두산이다. 한라송이풀은 줄기에 털이 많은 게 특징이다.
얼핏 봐도 줄기에 털이 빽빽한 것이 확인된다.

한라송이풀은 고산의 양지바른 풀밭이나 암벽 주변에서 자라고 전체적인 크기는 5~15㎝(크게는 10~30㎝)다. 줄기잎은 3~6장이 돌려나기 하고, 긴 타원형에 깃꼴 모양으로 갈라지고 꽃은 7~8월경 홍자색(자주색)으로 핀다. 제주 한라산과 설악산, 가야산이 자생지로 알려졌지만 아주 드물게 설악에서 확인되는 송이풀은 한라송이풀이 아닌 이삭송이풀로 받아들여지고 있다.

2009년 한라산 백록담 부근에서 새로운 품종으로 발견되었다고 밝힌 한라송이풀이 2022년 한라산 자연자원 조사에서는 더 이상 확인되지 않았고, 앞으로 분포지가 발견되지 않을 경우 한라산에서는 멸종이 된 것으로 보고 있는 추세다. 기후변화로 인한 지구온난화 등의 영향으로 고산식물이 쇠퇴하거나 멸종으로 치닫게 된 것이다.

그 한라송이풀이 가야산에 아직 남아 있다는 것이 큰 행운이고 그래도 군락을 이뤄 군데군데 피어나고 있지만 이 자생지 또한 개체수가 급감하고 있어 장담하기 어려운 상태다.

다행인 것은 2024년 8월 국립생태원 멸종위기종복원센터에서 한국고유종이자 멸종위기 야생생물 2급인 한라송이풀의 증식 연구와 개화에 성공했다는 기사를 접할 수 있었다.
한라산과 내륙의 야생에서 자취를 감춘 한라송이풀에 대한 발굴 조사도 지속해 나갈 것이라 한다.

너무나 만나기 어려운 구름병아리난초(난초과 병아리난초속)다. ▲

올해 필자의 가장 큰 숙제는 이 구름병아리난초를 보는 것이었다. 지난해부터 계획을 세우고 날짜 체크를 해 왔을 만큼 야생화 그 위의 야생화였다. 이 작은 아이 하나를 보기 위해 같은 시기 여러 차례를 오른 후에야 대면할 수 있었다. 게다가 쉬쉬하며 몇몇 사람들에게만 알려진 곳이 아닌 뜻밖의 장소에서 우연히 만난 것도 큰 행운이었다. 막연히 가야산에 자란다고 해도 대략적인 위치를 안다고 해도 확실하지 않으면 볼 수 없는 귀한 종이 되었다.

환경부 지정 멸종위기 야생생물 2급이자 산림청 산하 국립수목원의 적색목록 위기로 평가되어 있는, 정말 보기 힘든 종이다. 적색목록 위급으로 올려야 할 만큼 해마다 거의 사라지고 국내 몇 군데 자생지가 남아 있는 실정이다. 적색목록 중에 자생에서 볼 수 있는 가장 시급한 멸종위기 단계가 위급이고 그다음이 위기, 취약 순으로 평가된다.

예전엔 잎에 점박이(자주색 반점)가 있는 구름병아리난초는 점박이구름병아리난초라는 이름으로 따로 분류를 했었는데 이젠 통합이 되어 잎에 점박이가 있든 없든 구름병아리난초로 부르면 된다.
전체적인 크기는 작은 것은 5㎝부터 10~20㎝, 꽃부리의 지름은 0.5~0.7㎜로 아주 작아 그나마도 개체수가 없는 데다 큰 관심을 가지지 않고서는 눈에 띄기가 어렵다.
연한 홍색 꽃은 10~20개가 총상꽃차례로 아래부터 피기 시작해 한쪽 방향으로 치우쳐 핀다.
옆에서 본 꽃차례는 배배 꼬인 모습이 타래난초를 닮기도 했다.
병아리난초의 잎이 1장이라면, 구름병아리난초는 2장 또는 간혹 3장의 잎을 달기도 한다. 병아리난초는 마이산 편에 실었다.
병아리라는 이름은 꽃이 작고 귀여워 붙여졌고, 구름이라는 수식은 높은 곳에 자란다 하여 붙여졌다. 병아리난초는 상대적으로 더 낮은 곳에 자란다면 구름병아리난초는 고산의 침엽수림 아래, 부엽질이 풍부한 반그늘 경사지의 물 빠짐이 좋고 습도가 높은 바위 주변에서 자라는데 가야산이 대표적이고 함백산과 덕유산 일대에서 몇 개체가 아주 제한적으로 자생하고 있다.

2011년도쯤인가 한여름 지인과 가야산에 올랐을 때 가야산 정상과 능선 주변으로는 지금과는 비할 수 없을 만큼 야생화가 지천으로 피어 있었다. 그때 필자는 사진을 찍지 않았지만 지인은 이름 모를 들꽃들 사진을 폴더폰에 담고 있었다. 그렇게 시간이 지나 얼마 전 지인에게 가야산 얘기를 했었고 마침 그 폰을 버리지 않고 갖고 있다 하여 혹시나 하는 마음으로 그때 찍은 사진 중에 구름병아리난초가 있는지 여쭈니 희미하게 나온 그날의 사진들을 보여 주셨다.

그 사진들 속에는 점박이가 있는 구름병아리난초와 없는 구름병아리난초 그리고 한라송이풀도 있었다. 정상부 능선 주변 등로에서도 관심만 가진다면 볼 수 있었던 것이다. 그러던 것이 귀하다 알려지면서 해가 다르게 개체수가 급감을 하더니 이제는 거의 멸종이 될 수준에 이르게 되었다.

자생지가 알려지면 어김없이 무분별한 채취가 이뤄지니 개탄할 노릇이 아닐 수 없다. 고산에서 그것도 환경이 맞아야 어렵게 자라는 아이를 자신의 화단에서 키울 수 있을 거라는 무모함과 타인은 보지 못하게 일부러 훼손하는 일부 사람들이 있어 원성을 사는 것이다.

그러니 이 연약한 한 송이가 어렵게 피어나 눈에 띈 것이 너무나 감사한 일이지만 행여 또 그런 일을 당할까 조바심이 나는 이유다. 작은 바람이라면 몇 년 뒤 이 길을 걷다 조우할 날이 있기를 희망해 볼 따름이다.

높은 산정에 들꽃이 만발하는 8월의 가야산.
기암괴석과 암릉의 형세만으로도, 세계적인 문화유산을 보유한 해인사 한 바퀴만으로도 뿌듯함과 충만함이 전해지고 그곳에 귀하디귀한 멸종위기종이 살아가고 있는 곳.
식생은 물론 국립공원 위상에 걸맞게 자연경관은 웅장하고 수려함으로 중무장을 한, 뜨거운 한여름의 가야산이었다.

풍경과 산행이 어우러진
멸종위기
야생화
탐방

원시림을
간직한
청정
국망봉

국망봉(1,168m)은 경기도 포천시 이동면과 가평군 북면의 경계에 위치한 산으로 한북정맥상에 솟아 오른 봉우리다.

전체적으로 육산이나 계곡을 품은 골이 깊고 육중해 어느 계절이든 고산의 면모를 느낄 수 있지만 기온 서늘하고 적설량이 많은 경기 북부답게 한겨울이면 설화와 설경을 제대로 맛볼 수 있다.

골이 깊음을 반영하듯 국망봉 오르막이 가팔라 초보자라면 조금 힘을 들일 수도 있다.

국망봉은 한북정맥에 속한 봉우리로 이웃하고 있는 백운산과 도마봉, 견치봉과 민둥산 등으로 이어 걸어도 된다.

요즘 국망봉을 찾는 사람들에게 겨울 산행보다 더 인기 있는 계절은 5월이기도 하다. 멸종위기 야생생물을 두 종이나 품은 보배로운 숲이기 때문이다.

멸종위기 1급인 광릉요강꽃과 2급인 애기송이풀이 그것이다.

여기 국망봉과 소백산의 국망봉은 한자가 같다.

궁예가 태봉국을 세우고 철원에 도읍을 정한 뒤, 처음에는 선군정치를 펼쳤으나 날로 폭정이 심해지니 부인 강씨가 궁예에게 간언하였지만 듣지 않고 오히려 강씨를 강씨봉 아랫마을로 쫓아냈다. 쫓아낸 것이 아니라 이미 궁에서 부인 강씨를 죽였다는 설도 있다. 어쨌든 그 후 부하였던 왕건에게 패하고 나라를 뺏긴 궁예가 잘못을 뉘우치고 강씨를 찾았지만 부인 강씨는 이미 세상을 떠나고 없었다. 한북정맥에 강씨봉이라는 이름이 생긴 유래다.

나라와 부인을 잃은 회한과 자책에 빠진 궁예가 국망봉에 올라 철원을 바라보고 그리워했다 하여 국망봉이란 이름이 붙었다. 궁예와 강씨에 관한 이야기는 주변 산들에 많은 전설을 남기는 계기가 되었다.

국망이라는 봉우리 이름에는 하나같이 나라 잃은 한과 왕의 돌락이 주는 아픔들이 묻어 있다.

소백산 국망봉은 신라의 마지막 왕인 경순왕이 고려의 왕건에게 나라를 내어주었을 때, 고려에 투항하는 것을 반대한 경순왕의 아들 마의태자가 신라를 다시 되찾으려다 실패하자 망국의 한을 달래며 개골산으로 들어가는 도중 소백산 봉우리에 올라 멀리 옛 도읍 경주를 바라보며 하염없이 눈물을 흘렸다고 하여 국망봉이라 부르게 되었다. 모두 왕건에 의해 몰락한 왕과 나라들이다.

국망봉은 경기도에서 세 번째로 높은 산으로 경기도 최고봉은 화악산, 2봉은 명지산, 3봉이 국망봉이다.
국망봉은 우뚝 솟아오른 만큼 조망이 빼어난 산으로, 화악산과 명지산, 운악산, 명성산, 각흘산, 광덕산 등 해발 높은 산들을 두루 조망하기 좋다.
주변 산군들에 비해 국망봉은 인지도가 조금 낮은 곳일 수 있지만 그 매력을 알고 나면 거의 해마다 이 숲을 찾을지도 모른다.

주요 등산로는 포천시 이동면 국망봉 자연휴양림에서 오르는 것이 가장 일반적이고, 가평군 북면의 용소폭포(적목용소)와 무주채폭포에서 들머리를 삼을 수 있다. 휴양림은 개인사유지로 입장료와 주차료를 지불해야 한다(2024년 하반기 기준 입장료 2천 원, 주차료 5천 원).
보통 포천 이동면을 들머리로 삼는 경우가 많지만 요즘은 반대편인 가평군 북면 적목리 용소폭포를 들머리로 삼는 사람들이 많아졌다. 시원한 계곡과 폭포 두 곳을 바로 대면하며 오를 수 있는 공기 좋은 곳인 데다 이동면 휴양림 입구에서처럼 입장료도 없기 때문이다.

대중교통을 이용하자면 포천군 이동면 국망봉휴양림은 동서울터미널에서 이동 가는 버스를 타면 된다. 이동에서 도보로 약 20~30분 걷거나 택시를 이용하면 된다. 택시비는 기본요금 정도 나온다.
가평군 용소폭포에서 들머리를 삼으려면 가평이나 목동에서 용수동행 버스를 타고 용수동 종점에서 내리면 된다. 용수동 종점은 석룡산 들머리인 조무락골 입구다. 용수동 버스는 명지산이나 강씨봉, 석룡산 등을 이용할 수 있어 주말이면 사람들이 붐비는 대표적인 버스다.
용수동에서 용소폭포(적목용소)로 가는 길은 50분~1시간을 사창리 방향으로 포장도로를 걸어야 하지만 가평의 오지답게 차량은 거의 다니지 않고, 물이 투명할 만큼 맑고 깨끗해 졸졸 흐르는 계곡물 따라 걷는 길이 지루하지만은 않다.

용수동에서 용소폭포로 가는 길, 아무 생각 없이 걷다 보면 갑자기 움찔할 수도 있다. 군인들 조형물 때문이다.

이 지역은 38도선이 지나는 곳으로 한국전쟁 당시 죽음을 무릅쓰고 수많은 군인들의 희생이 있었던 '가평지구 전투'의 현장이다.

한국전쟁 당시 38도선을 중심으로 남북이 대치하고 있는 상황을 재현해 놓은 것이다. 살벌한 전쟁터에 우리 군인들도 인민군도 자세히 들여다보면 그저 어리고 순박해 보이는 소년이었고 청년이었다.

적목용소(용소폭포). ▼
청정지역답게 계곡의 소는 맑고 깊다. 이무기가 용이 되려고 하늘로 오르다가 인간에게 들키는 바람에 땅으로 떨어져 늪이 생겼다는 전설이 있다. 사람에게 들키면 왜 용이 되지 못했을까 하는 의아심도 품어 보면서~ 이 용소에 천연기념물인 열목어도 살고 있단다.

수량 많은 날 직접 보면 더 웅장하게 느껴지는 무주채폭포다. ▼

옛날 무관들이 무예를 연마할 때 나물을 안주 삼아 술을 마시고 춤을 추며 놀았다는 전설에서 무주채라는 이름이 붙여졌단다.
폭포 앞에는 무관들이 술을 마시고 춤을 추며 노는 조형물도 만들어 놓았다.
무예 연마 중에 음주가무라니~^.^
이맘때면 계곡 주변 어디든 노란색 꽃을 피우는 산괴불주머니도 폭포 앞에 자리 잡았다.

66

광릉요강꽃과 애기송이풀을 키워 내다

5월 초, 국망봉을 걷다 만난 들풀꽃들을 소개한다.
애기송이풀, 광릉요강꽃, 산괴불주머니, 매화말발도리, 말발도리, 단풍취, 미치광이풀, 물참대, 산사나무, 야광나무, 졸방제비꽃, 병꽃나무, 붉은병꽃나무, 붉은참반디, 애기괭이눈, 고추나무, 돌단풍, 풀솜대, 참꽃마리, 도깨비부채, 노랑제비꽃, 고깔제비꽃, 태백제비꽃, 큰앵초, 삿갓나물, 노루귀, 금강애기나리, 벌깨덩굴, 양지꽃, 덩굴개별꽃, 둥근잎천남성, 싸리냉이, 는쟁이냉이, 미나리냉이, 현호색, 점현호색, 노루삼, 회리바람꽃, 족도리풀, 무늬족도리풀, 피나물, 각시붓꽃, 관중, 딱총나무, 지느러미엉겅퀴, 노린재나무, 미나리아재비, 둥굴레 등이다.

야광나무(장미과 사과나무속)다. ▲
새하얀 꽃이 밤에도 빛이 난다 하여 붙여진 이름으로, 흰 꽃이 눈이 부실 만큼 멀리서도 식별이 된다.

야광나무는 잎 가장자리에 잔톱니가 있다면, 비슷한 아그배나무는 주로 중부 이남, 남부지방에 분포하고 잎 가장자리에 드문드문 깊은 톱니가 있어 구별된다.

9월의 야광나무(장미과 사과나무속) 열매. ▶

어느새 산사나무(장미과 산사나무속)도 꽃을 피웠다. ▲
잎이 불규칙적으로 깊게 파여 한번 알아 두면 식별하기 쉽다.
산사나무는 '산에서 자라는 아침의 나무'라는 뜻으로 산에서 나는 사과나무 또는 산속 사찰 가는 길에 만나는 나무라 산사라는 이름이 붙었다고도 한다. 아무튼 사과 꽃을 닮았고 산중으로 가는 길목에 있는 것도 맞다. 유명한 술 '산사춘' 역시 이 산사나무 열매가 주재료다.
유럽에서는 5월이면 산사나무 꽃다발을 문 앞에 달아 두는 풍습이 있어 메이플라워(May flower)라 하여 5월의 꽃이 되었고 행복의 상징이기도 했다. 아테네 여인들은 결혼식 때 머리를 장식하는 데도 이용했다고 한다.

산사나무(장미과 산사나무속) 열매. ◀

물과 돌(바위)을 좋아하는 식물답게 계곡이 있고 바위가 있는 곳엔 어김없이 돌단풍(범의귀과 돌단풍속)이 피어난다. 잎이 단풍잎을 닮아 붙여진 이름으로 어느새 열매로 변해 간다. 요즘은 공원이나 정원에 식재된 모습도 많이 볼 수 있다. ◀ ▲

매화말발도리(범의귀과 말발도리속 또는 수국과 말발도리속)다. ▲
매화말발도리가 묵은 가지에서 꽃을 피운다면 바위말발도리(범위귀과 또는 수국과 말발도리속)는 새 가지 끝에 꽃을 피운다. 매화말발도리는 털이 거의 없다면 바위말발도리는 잎과 꽃받침 등에 털이 밀생하는 특징이 있다.
매화말발도리 꽃받침이 삼각상 모양이라면, 바위말발도리는 꽃받침 잎이 실처럼 가늘다.

매화말발도리는 꽃차례가 짧아 가지에 딱 붙어 피는 반면 바위말발도리는 꽃차례가 길다.

** 간혹 식물명에 매화가 들어간 이름들을 종종 보게 된다. 매화와 닮지 않았는데 굳이 왜 매화라는 이름이 들어갔을까 의아하게 생각할 수도 있다. 매화마름, 황매화, 물매화, 매화노루발, 매화바람꽃, 매화말발도리 등등….
옛사람들은 예쁜 꽃의 대명사는 매화라 생각했기 때문이다. 그래서 모양새나 크기 등이 비슷하고 아름답다 여긴 꽃에는 매화라는 이름을 넣어 부르게 되었다.

** 그동안 수국을 포함한 범의귀과에 분류되던 식물들은 분자계통학 연구에 기반을 두어 국립생물자원관 '한반도의 생물다양성'에는 수국과로 분류가 되었지만 국립수목원의 국가표준식물목록이나 국생종에는 그대로 범의귀과로 분류하고 있다.

이것이 아무 수식 붙지 않는 말발도리(수국과 또는 범의귀과 말발도리속)다. ▲

잎은 물론 벗겨지는 수피와 꽃까지 비슷해 말발도리와 물참대는 같은 종이라 보기 십상이다.

가장 큰 특징은 말발도리는 수술대가 긴 사각형 모양이고, 암술은 세 가닥으로 얕게 갈라진다. 꽃 안쪽은 진노랑이다.

물참대는 꽃 속이 연노랑이나 연녹색에 가깝다. 물참대 수술은 기다란 삼각대 모양으로 사각형 모양인 말발도리와 구별된다.

습한 계곡 주변으로는 어김없이 느쟁이냉이(배추과 황새냉이속)가 가득 피어났다. ▲ 느쟁이는 명아주의 방언이다. 그 명아주(느쟁이)를 닮은 냉이라 하여 느쟁이냉이라 이름 붙여졌다. 느쟁이냉이는 톡 쏘는 맛이 갓을 닮아 산갓이라 해서 어린잎일 땐 채취해 먹기도 한다.

** 꽃잎 모양이 열십자처럼 4갈래로 갈라지던 식물을 예전엔 십자화과로 분류했었는데 이제는 배추과로 변경되었다(국가표준식물목록 기준).

무늬족도리풀(쥐방울덩굴과 족도리풀속)이다. ▲
잎에 얼룩거리는 흰색 무늬와 꽃의 꽃받침통(악통)에도 반짝거리는 점박이들이 박혔다. 다른 족도리풀에 비해 꽃받침통도 작은 편이다.
개족도리풀도 잎에 얼룩무늬가 있지만 꽃(꽃받침조각과 꽃받침통)에는 흰 반점이 없다. 개족도리풀은 제주와 남부에서 자란다.

참 반가운 붉은참반디(산형과 참반디속) 하나가 이르게 피어났다. ▶
어린잎, 꽃, 열매가 반디(반딧불이)를 연상시킨다 하여 진짜 반디라는 뜻에서 붙여진 이름이고 붉은색 꽃을 피워 붉은참반디가 되었다.

** 참반디속에는 참반디, 붉은참반디, 애기참반디가 있다.

참반디는 전국의 산간 음지에서 잘 자란다면, 붉은참반디는 주로 강원과 경기도의 높은 산에 자생한다. 애기참반디는 남부지방에서 볼 수 있었는데 기후의 변화로 충청은 물론 경기에서도 보고되고 있다. 점점 그 자생지라는 것에 의미가 없어지는 것은 아닌지 온난화의 영향이 우려스러운 부분이다.

참반디(산형과 참반디속)와 애기참반디(산형과 참반디속)다. ▲
참반디는 꽃이 작고 어수선해 꽃 같은 느낌이 들지 않는다면, 애기참반디는 키가 작아 '애기'라는 접두사가 붙었지만 꽃은 돋보인다.

피나물(양귀비과 피나물속)이다. ▶
애기똥풀 줄기를 잘라 보면 애기의 똥 같은 누런 진액이 나와 이름 붙여졌듯 피나물 역시 줄기를 잘라 보면 피 같은 붉은 액이 나온다 하여 붙여진 이름이다.

** 피나물(양귀비과 피나물속)은 매미꽃(양귀비과 매미꽃속)과 아주 비슷하게 생겼다. 피나물 이명이

노랑매미꽃, 선매미꽃 등으로 불리기도 했으니 같은 식물이라 생각할 수도 있다.
피나물은 좀 이르게 3~5월에 핀다면 매미꽃은 5월에서 7월, 이른 가을까지도 꽃이 핀다.
피나물은 꽃봉오리에 털이 있지만 매미꽃은 털이 없다.
가장 큰 차이점은 매미꽃은 꽃대가 바로 뿌리에서 나오고 꽃대에 잎이 달리지 않는다. 잎 따로 꽃대 따로 올라온다는 말이다.
그러나 피나물은 위 사진에서처럼 잎을 달고 있는 줄기 끝에서 꽃이 피는 점이 다르다.
피나물은 봄이면 중부지방에 흔하게 볼 수 있지만, 매미꽃은 주로 남부지방에 드물게 자생한다.

처음부터 잎줄기 따로, 꽃줄기 따로 올라오는 매미꽃(양귀비과 매미꽃속)이다. 피나물처럼 꽃줄기 중간에 잎이 나오지 않는다는 말이다.
요즘엔 공원에 식재하기도 하지만 매미꽃은 주로 남부지방에 자생하고 적색목록 준위협에 속할 만큼 자생지가 넓은 편이 아니다.
필자도 식재된 공원 말고 자생에서 자라는 매미꽃은 두어 군데에서 본 것이 전부다. ▲

노란 피나물을 배경으로 두고 있는 삿갓나물(백합과 삿갓나물속)이다. ▲ ▶

요즘은 5월 초에도 이르게 꽃을 피운 녀석들을 흔하게 볼 수 있다. 한 개의 꽃자루 끝에 1개의 꽃을 피우게 되는데 가느다란 선형의 형태라서 꽃이라 인식하지 못할 수도 있다.

피침형 또는 좁고 긴 타원형

인 잎이 돌려나기 하고, 잎이 삿갓처럼 보여 붙여진 이름으로, 이름에 나물이 들어가지만 독성이 강해 섭취하지 않는 게 좋다.

잎만 봤을 때는 말나리(하늘말나리 포함)와 비슷해 착각하기 쉽다.

말나리(백합과 백합속)와 삿갓나물(백합과 삿갓나물속)이다. ▲
둘 다 아래쪽 잎이 돌려나는 특징이 있어 얼핏 혼동할 수도 있는데 말나리(하늘말나리 포함) 잎이 삿갓나물보다 더 크고 많은 편이다.
말나리는 여름에 황적색 꽃이 핀다면 삿갓나물은 이미 꽃이 핀 상태이므로 크게 달라지지 않는다. 삿갓나물은 우산나물과도 혼동을 할 수 있다. 우산나물은 잎 가장자리에 결각이 있어 오히려 구별이 더 쉬운 편이다.

애기괭이눈(범의귀과 괭이눈속)이다. ▲
꽃과 전체 모습이 작아 붙여진 이름이고 그래서 복잡 다양한 괭이눈 종류 중에 구별이 쉬운 애기괭이눈이다. 노란 꽃이었다가 벌써 앙증맞게 열매를 품은 모습들도 보인다.

마치 고추씨를 털어야 할 것
같은 자태. 미치광이풀(가지과
미치광이풀속)이다.
보통은 4월에 볼 수 있는 꽃
인데 한참 늦게까지 피어 준 녀석이 고맙기까지 하다.
독이 있어 잘못 먹으면 미친 증상이 나타난다 하여 미치광이풀이라는 이름을 얻
었다. 일부 지역에는 노란색 꽃을 피우는 미치광이풀도 있다. ▲

이맘때 숲에선 쉬 만날 수 있는 벌깨
덩굴(꿀풀과 벌깨덩굴속)이다. ◀
먹잇감을 포착한 듯… 혀를 날름거리
는 두꺼비나 배암 같지 않은가.

재미있게도 꽃말이 '메기'다. 큰 잎이 마치 메기를 연상시켰을 것이다. 잎이 들깻잎을 닮은 덩굴이라 해서 붙여진 이름이다.

덩굴처럼 보이지 않는데 덩굴이라는 이름이 붙은 것은 다른 식둘을 칭칭 감는 덩굴이 아닌 꽃이 피고 난 후엔 곧추섰던 줄기가 약간의 덩굴성으로 길게 늘어져 자라기 때문이다.

병꽃나무(인동과 병꽃나무속)와 아래는 붉은병꽃나무(인동과 병꽃나무속)다. ▶

인동과의 식물들은 처음 꽃이 피었을 때와 달리 나중에는 색이 변하는 경우가 많다.

병꽃나무도 처음엔 황록색을 띠었다가 시간이 지날수록 점차 붉은색으로 변해 간다.

황록색이었을 때는 꽃이 막 피어난 싱싱한 상태고, 붉은색으로 변했다는 것은 꽃이 곧 져 간다는 의미가 된다.

붉은색으로 변한 병꽃나무를 붉은병꽃나무로 착각하기도 하는데, 붉은병꽃나무는 꽃봉오리부터 붉은색을 띠어 차이를 보인다.

붉은병꽃나무와 거의 흡사한 소영도리나무와의 비교는 머리 아플 수 있으니 생략하려 한다.

바람꽃 중에서 가장 소박해 보이는 회리바람꽃(미나리아재비과 바람꽃속)이다. 꽃이 활짝 폈는데도 꽃봉오리일 때나 별반 달라 보이지 않아 꽃이라 느끼지 못하는지도 모른다. 꽃이 피면 사진처럼 꽃받침이 뒤로 젖혀지는 차이가 있다. 주로 경기 북부나 강원권에서 만날 수 있다. ▲

이 시기엔 꽃이 아닌 잎이 주인공이다.
잎이 이렇게 커질 동안에도 아직 남아 있는 꽃이 있었다. 노루귀(미나리아재비과 노루귀속)다. ▼

노루귀는 꽃이 먼저 핀 뒤, 꽃이 질 무렵 잎이 나오기 시작해 점차 잎이 커지는데 이렇게 큰 잎에 노루귀 꽃이 달린 모습은 생소하기까지 하다.
남부지방 일부 섬에는 새끼노루귀가, 울릉도에는 섬노루귀가 있다.

복잡한 제비꽃 중에 유일하게 노란색이라 가장 알아보기 쉬운 노랑제비꽃(제비꽃과 제비꽃속)이 금강애기나리(백합과 죽대아재비속)와 한 터를 잡았다. 금강애기나리가 날개를 펼쳐 노랑제비꽃에게 그늘을 제공해 주는 것만 같다. ▲

금강애기나리(백합과 죽대아재비속)는 금강산에서 처음 발견되었다 하여 이름 붙여졌다. 금강애기나리(금강죽대아재비)는 백두대간이나 중북부 높은 능선을 따라 만날 수 있는 빛나는 별로 8~9월이면 열매가 붉게 익는다. ▲

** 금강애기나리는 금강죽대아재비로 부르는 사람들이 많다. 환경부 국립생물자원관에서 발표한 연구 자료 때문이다. 우리나라 식물명을 관리하는 곳은 산림청의 국립수목원 국가표준식물목록이다. 국가표준식물목록에는 금강죽대아재비가 아닌 여전히 금강애기나리로 등재되어 있다(2024년 하반기 현재).
두 기관에서 서로 다르게 분류해 놓은 것들이 있어 혼란을 부추기는 식물들이 여럿 있다.
많은 연구들이 진행되면서 서로 다른 이름으로 불리는 이런 일들이 더 잦아지지 않을까 싶고, 무엇이 되었든 하나로 맞춰지길 바란다.

애기나리(백합과 애기나리속) 꽃과 열매다. 금강애기나리가 붉은 열매를 맺는다면 애기나리는 흑색으로 익는다. ▲

풀솜대(백합과 두루미꽃속)다. ▲
꽃봉오리를 늘어트린 풀솜대도 며칠 이내로 새하얀 꽃을 터트리고 9월경이면 붉디붉은 열매를 맺는다.

손바닥 모양의 둥근 신장형의 잎을 가진 큰앵초(앵초과 앵초속)다. ▲
큰앵초는 '큰'이라는 접두사에 걸맞게 큰 잎을 자랑한다.
전체적인 크기는 30㎝ 내외로 한라산을 포함한 지리산, 설악산, 태백산, 소백산, 화악산, 국망봉 등등 전국의 깊고 높은 산에 자생한다. 앵초나 큰앵초 모두 적색목록 약관심에 평가되어 있다. 필자 개인적으로는 앵초보다 큰앵초 보기가 더 쉬워졌다 생각한다. 큰앵초는 5월이면 고산 산행 때 어김없이 만날 수 있지만, 앵초는 오히려 그 자생지를 찾아야 볼 수 있는 형편이니 말이다.

** 앵초속에는 앵초와 큰앵초, 설앵초가 대표적이다.
설앵초도 특별한 지역이 아닌 이상 보기가 힘들지만, 기본형인 앵초 역시 몇몇 자생지가 아니면 일반 산지에서는 보기가 쉽지 않다.
앵초와 설앵초도 비교해 보자.

아무 수식 붙지 않는 앵초(앵초과 앵초속)다. 일부 몇몇 산지에서 만날 수 있지만 요즘은 자생지가 많지 않아 공원이나 가정집 화단에 식재한 앵초 만나는 게 더 쉬워졌다.

주로 습한 산지 계곡 주변에서 자생하는데 잎은 원형 또는 길쭉한 타원형이며 가장자리에 둔한 톱니가 있고, 잎 앞면은 주름이 진다. 잎이나 잎자루 꽃자루 등 전체에 털이 많다. 앵초는 분홍색 꽃이 앵도 꽃을 닮아 이름 붙여졌다(보통 앵두라 많이들 부르지만 정명은 앵도). ▲

설앵초(앵초과 앵초속)다. ▼

설앵초는 한반도 남쪽 고산에서만 자생하는 우리나라 특산식물이자 적색목록 위기로 평가받는 여러해살이풀이다. 경남과 제주의 몇몇 바위가 있는 고산부에서 드물게 만날 수 있는데 가야산, 영남알프스 일대(신불산 영축산), 한라산이 대표적이다. 설앵초라는 이름은 앵초를 닮았는데 잎 뒷면의 흰 가루가 마치 눈(雪) 같고, 작다라는 의미로 접두사 설이 붙여졌다. 실제로 보면 전초나 잎 등이 앵초나 큰앵초보다 많이 작아 '작다'라는 의미의 '설'에 더 무게가 실리는 듯하다.
앵초와 달리 잎이 주걱형 또는 넓은 달걀모양으로 작은 것이 특징이다.

자생지를 찾아가야 만날 수 있는 반기생식물 애기송이풀(현삼과 송이풀속)이다. ▼
광릉요강꽃과 더불어 국망봉의 상징 같은 존재가 되었다.
현삼과의 여러해살이풀 애기송이풀은 세계적으로 한반도에만 자생하는 특산식물이고 보호해야 할 멸종위기 야생생물로 지정되어 있다.
얼핏 꽃은 송이풀과 닮아 송이풀이라는 이름이 붙여졌지만 5~6㎝나 되는 큰 꽃만 봐서는 애기라는 이름이 어울리지는 않는다. 줄기가 없이 뿌리에서 잎자루와 꽃대가 바로 나오다 보니 키가 작아 애기라는 접두사가 붙었는데, 잎에 파묻혀 있는 꽃이 마치 강보에 쌓인 아기 같다 하여 '애기'라는 접두사를 붙였다는 설도 있다. 1937년 처음 개성 천마산에서 채집되었기 때문에 1949년 발간한 《조선식물명집》에는 천마송이풀로 기록되어 있다.

애기송이풀은 광합성을 하기도 하면서, 다른 식물에게 영양분을 얻기도 하는 반기생식물이다.
꽃줄기는 약 6㎝ 내외로 그 끝에 홍자색(분홍색) 꽃이 달린다.
암술대 끝은 굽어서 꽃잎 밖으로 나와 아래를 향하고, 꽃받침은 긴 원통형으로 끝이 5갈래로 갈라진다.

처음엔 산 정상부 북사면에 자생하다가 요즘은 계곡 쪽으로 많이 퍼져 나갔다. 전국적으로 자생지로 알려진 몇 군데가 있지만 대부분 저지대에 있어 아무래도

사람들 발길이 잦아질 수밖에 없는 여건이 되었다. 처음엔 개성에서 발견되었고 경기권, 충북과 이젠 남부로 남하하는 추세다.

국망봉은 만나기 쉬운 계곡이나 저지대 말고 험준한 산정에 올라야 볼 수 있는 거의 유일한 곳이다. 그래서 국망봉이 더 특별한 장소가 되었다.

저지대에서 자라는 애기송이풀은 방석보다 넓게 한 무더기씩 꽃을 피우는 것에 비하면 조금 덜 풍성할 수 있지만 가장 서늘한 경기 북부 산정의 유일한 서식처라는 것에 더 큰 의미를 부여해 주고 싶다.

환경부 지정 멸종위기 야생생물 2급이자 산림청의 2012년판 희귀식물엔 멸종위기종, 2022년판 적색목록에는 멸종위기범주인 취약종으로 평가되어 있다.

특정 지역에 몇 군데 자생지가 제한되어 있지만 그래도 광릉요강꽃이나 복주머니란처럼 불법 채취가 심하게 자행되는 식물은 아니다 보니 멸종은 되지 않을 것으로 보인다. 국망봉만 해도 생각보다 넓게 퍼져 곳곳에 잘 자라고 있기 때문이다. 애기송이풀의 존재를 몰랐던 10여 년 전, 한북정맥을 걷다 우연히 국망봉에서 이 애기송이풀을 보고 크게 감격했던 날에 비하면 자생지는 더 넓어졌다는 느낌이 드니 말이다. 흰색의 애기송이풀까지 자라고 있어 특이 야생화를 찾는 사람들의 발길도 끊이지 않고 있다.

국망봉의 상징이 된 광릉요강꽃(난초과 복주머니란속)이다. ▲ ▶

'숲속의 인어'라는 꽃말처럼 그 오묘한 신비로움은 숨을 멎게 할 만큼의 아름다움이 있다.

광릉요강꽃은 환경부에서 지정한 멸종위기 야생생물 1급이자 국가적 색목록 위기로 평가받는 아주 희귀한 꽃이다.

1932년 처음 경기도 포천시 광릉에서 발견되었고 꽃의 입술 모양이 요강을 닮아 광릉요강꽃이라는 이름을 갖게 되었다.

꽃은 4~5월에 피고, 전체적인 크기는 20~40㎝, 잎은 부채꼴 모양으로 2매가 마주나기처럼 붙어 있다.

경기 북부 반그늘이 지는 경사면이나 물 빠짐이 좋은 곳의 부엽토에서 아주 제한적으로 서식한다.

국망봉은 널리 알려지지 않았던 조용한 한북정맥의 험준한 봉우리였는데 광릉요강꽃이 발견되면서 전국의 진사들은 물론 야생화와 식생에 관심이 없던 사람들까지 귀한 꽃을 보겠다는 이들로 지나친 유명세를 타고 있다. 국망봉을 검색하면 광릉요강꽃이 뒤따를 정도다.

자생식물 중 가장 아름답고 독특한 꽃으로 불릴 만큼 인기가 좋고, 자생지에서 보기가 어려워지니 광릉 국립수목원에서 인공 증식에 성공해 이맘때면 광릉요강꽃과 복주머니란을 보러 국립수목원을 찾는 사람들도 늘고 있다. 국립수목원이 위치한 광릉은 그 이름이 생긴 지역이기도 하고 서늘한 기후나 여건 등이 광릉요강꽃을 키워 내기에 최적의 장소이기도 하다.

숲속의 발레 하는 소녀 같지 않은가.
저 깜찍하고 우아한 머리 스카프는 또 어떠한가.
요강 같은 입술꽃잎, 그 양옆으로 머리 스카프 같은 겉꽃잎, 그 가운데 위로 꽃받침조각, 맨 뒤로는 잎 같은 포다.

10여 년 전, 국망봉에서 광릉요강꽃을 처음 접한 뒤 광릉요강꽃을 보았다고 말도 하지 못하고 공개도 하지 못했다. 괜히 자생지를 공개하면 많은 사람들이 몰려들까 그리고 훼손이 될까 두려워서였다. 몇 년을 가슴에 품고 있었지만 어느 날 보니 카페나 블로그 등에 친절히 장소가 공개되고 있었다.

10년 만에 다시 찾은 자생지는 초토화되어 있었다.

가까운 두 곳에서 30여 촉이 넘게 있던 걸로 기억하지만 통째로 사라지고, 남은 것은 간신히 3~4촉이 전부였다. 마지막 도난은 2023년 5월 중순 이후 무더기로 퍼 갔다 한다.

언제인지 환경부에서 가볍게 출입통제 줄을 쳐 둔 것 같은데 그것으로 인해 오히려 그 장소를 확연히 드러낸 것은 아닌지 그런 안타까운 마음도 들었다.

남한산성 백부자가 자라는 곳에 멸종위기 백부자라는 팻말을 세워 둔 곳엔 모조리 사라진 것처럼 말이다. 멸종위기종이라는 말에는 없던 관심들도 생겨나니 말이다.

문화재 지정번호가 사라졌듯 멸종위기나 희귀식물이라는 목록이 사라질 날도 오지 않을까라는 막연한 상상도 해 보게 된다. 물론 기본적으로 관리 차원에서 관계 기관이야 알고 있어야겠지만 일반인에게 노출되지 않고 관리할 수 있는 방법은 없을까 하는 막연한 그런 상상이다.

'멸종위기' 그 타이틀을 다는 순간부터 진정 멸종위기로 가고 있으니 말이다.

너무나 희귀한 데다 꽃이 크고 다른 것에 견주기 어려운 특별함이 있어 불법 채취꾼들이 노리는 1순위가 되었으니 안타까운 일이다.

주로 가평과 포천 등 경기 북부 깊은 산지에서 자라는데 그 자생지가 알려지고 나면 어김없이 훼손되는 실정이니 개체수가 점점 사라지고 있다.

또한 국망봉의 한 자생지는 몇 년 전 어느 산객이 보호해야 한다고 관계 기관에 건의해 철조망에 갇히게 되었는데 주변의 잡초와 수풀이 우거져 그것 역시 신통치 않은 상황이 됐다.

보고 싶은 귀한 식생을 보면서 자생지가 훼손되지 않고 도난당하지 않는 방법은 없을까? 개개인의 의식도 중요하겠지만 개인에게만 양심을 맡기지 말고 관계 당국도 대책 마련을 위해 노력을 아끼지 않았으면 좋겠다.

보통 광릉요강꽃이 발견되는 곳에는 20~30촉씩 한 무더기로 자라기 때문에 불법 채취만 아니라면 그렇게까지 귀한 꽃이 되지는 않았을 것이다.

이식과 재배가 매우 어려운 식물로 아무 환경에서나 살아가기 힘든 광릉요강꽃을 한두 촉도 아닌 몇십 촉씩을 깡그리 캐 가는 이유가 뭘까 싶다. 자생지를 인위적으로 옮겼을 때 살기 어렵다는 것을 모르진 않을 텐데 말이다.

화단에 심기 위해서 또는 돈이 된다는 이유로 개인의 소행일 거라고도 하지만 수목원 등에서 채취해 간다는 이야기들도 나오고 있다. 대량으로 퍼 가는 것도 그렇고, 어차피 수목원에 심기 위해서나 증식에 관한 연구를 위해서 시행착오를 거치려면 많은 개체를 어디에서 가져오지 않았겠냐는 합리적인 의심을 하기 때문이다. 증식에 성공했다는 얘기들이 나오기는 하지만 여전히 여기저기 식물원 등에서 눈독을 들인다는 후문들이 나오고 있다.

자생지를 한두 번 확인했으니 필자 역시 이젠 광릉요강꽃이나 복주머니란이 보고 싶다면 광릉 국립수목원에서 대신하려 한다.

자연의 생태를 보전하기 위해 훼손 우려가 있는 지역에 사람의 접근을 막는 국립공원의 휴식년제가 있듯 나만의 휴식년제로 삼고 향후 10년간은 광릉요강꽃을 보러 나서지 않을 생각이다.

매년 사시사철 드나들던 설악산을 나만의 휴식년제로 갖고 6년째 걸음 하지 않는 것처럼 말이다.

태곳적 오지의 숲을 그대로 간직하고 있는 국망봉은 깊고 험한 골, 청아한 계곡, 경기 북부만의 서늘한 기온 등 그 모든 것이 합쳐져 멸종위기 야생생물 애기송이풀과 광릉요강꽃을 키워 내고 있다.

잘 보호되어 더 넓게 자리매김하길 바라 본다.

풍경과 산행이 어우러진
멸종위기 야생화 탐방

천상의
화원
대덕산의
6월

태백산 국립공원에 속한 대덕산(1,307m)은 태백시 창죽동과 삼척시 하장면에 걸쳐 있는 산으로 금대봉 일원과 함께 1993년 환경부가 자연생태계 보호지역으로 지정하였고, 2016년 태백산이 국립공원으로 지정되면서 대덕산 일대도 태백산 국립공원에 포함되어 관리받고 있다.

대덕산 아래엔 민족의 젖줄로 불리는 한강의 발원지 검룡소가 있어 그 의미가 남다른 곳이기도 하다.

금대봉과 대덕산 일대는 봄부터 가을까지 희귀식물은 물론 수많은 들꽃으로 유명하다. 해마다 많은 탐방객이 야생화를 보기 위해 찾다 보니 서식지 훼손이 가중되는 것은 현실이 되었다. 그래서 생태 보전 및 국립공원에 대한 이해와 관심을 높이고자 탐방예약제가 운영되고 있다.

입산 기간은 4월 20일부터 9월 30일까지, 1일 입산 인원은 500명으로 예약은 국립공원공단이나 태백시청 홈페이지에서 인터넷 예약 하면 되고 두문동재 탐방센터에서 예약 여부를 확인하게 된다.

태백시에서는 5월부터 9월경까지 매주 토·일요일 '천상의 화원, 금대봉 야생화 시티투어' 버스도 운영한다(1일 입산 인원, 입산 기간, 시티투어 운영 등은 해마다 변경될 수 있다).

보통 탐방 코스는 두문동재~금대봉~분주령~대덕산~검룡소~검룡소 주차장으로 약 11~12㎞이다. 보통은 5시간을 잡는 편이지만 산행 시간은 야생화 탐방이나 걸음걸이에 따라 천차만별이 될 수 있다.
대중교통은 불편해 대부분은 산악회 버스나 승용차를 이용하지만 시간을 맞추면 불가능하지도 않다.
서울에서 고한사북터미널 가는 첫차를 타고 고한사북에서 태백 가는 와와버스(농어촌버스)를 이용해 두문동재삼거리에서 하차하면 된다.
두문동재삼거리에서 두문동재까지는 구불거리는 도로를 40분 정도 걸으면 된다. 필자가 늘 이용하는 방법이다. 도보로 걷기가 힘들다면 고한사북에서 두문동재

탐방센터까지 택시를 이용하면 된다.

검룡소에서 태백 나가는 버스는 오후에 4시 20분이 유일하니 탐방시간을 맞추면 대중교통으로도 충분히 가능한 여정이 된다(버스 시간은 2024년 하반기 기준이다).

두문동재(1,268m)는 태백과 정선 고한을 잇는 고갯길로 백두대간 만항재와 함백산, 매봉산과 삼수령을 잇는 길이고 천상의 화원이라 불리는 대덕산 가는 초입이기도 하다.

지금이야 태백~고한 간 터널이 생겨 예전에 넘나들었던 고갯길로서는 유명무실해지고 백두대간을 하는 사람들에게 더 유명한 길이 되었고, 야생화 산지인 금대봉과 대덕산을 가려는 사람들의 들머리 역할을 해 주는 중요한 지점이 되었다.

** 두문동은 우리가 알고 있는 역사적인 사건과 깊은 관련이 있다.

고려가 망하고 이성계가 조선을 건국(1392년)하면서 고려 말기의 유신들이 조선의 임금을 거부하고 경기도 개풍군 두문동 골짜기에 모여 살게 되었다. 이성계는 이들의 학식을 높이 사 회유하여 일부는 조선의 관직에 들어갔으나 대부분은 이성계의 제안을 거절하였고 결국 이성계는 고려 충신들의 본거지에 불을 질러 몰살시킨다.

이때 살아남은 고려 충신들이 삼척에 유배를 간 고려의 마지막 왕 공양왕을 알현하러 갔다가 공양왕이 타살되었다는 소식을 듣고 태백의 건의령에서 다시는 벼슬길에 나서지 않겠다는 불사이군의 정신으로 관모와 관복을 벗어 걸어 뒀다는 데서 건의령이라는 이름도 유래하게 된다.

현재 건의령은 북으로는 백두대간 덕항산과 댓재로, 남으로는 삼수령(피재)과 금대봉, 두문동재, 함백산과 만항재로 이어지는 백두대간의 고갯길이다.

이들이 강원도 정선군 고한읍에 위치한 현재의 두문동에 터를 잡고 살아가게 되는데 두문불출(杜門不出)한 채 살다 생을 마감했다는 데서 두문동이란 이름으로 부르게 되었고 그 고개는 두문동재가 되었다.
안타까운 역사의 흔적이 남은 지명들이다.
현재 국내에서 자동차로 넘을 수 있는 가장 높은 봉우리가 만항재(1,330m), 그다음에 두 번째로 높은 봉우리가 두문동재(1,268m)다.

한강의 발원지인 검룡소(명승)다.
검룡소는 1억 5천만 년 전 백악기 때에 형성된 석회암동굴 소로 하루 2,000여 톤의 지하수가 용출되고 사계절 변함없이 9℃ 정도가 유지된다 하니 주변 푸른 물이끼와 더불어 오염되지 않은 신비함이 그대로 전해진다.

이 냉천은 석회암을 용식하고 소용돌이치며 흐르면서 작은 구멍 포트홀을 만든 독특한 모습도 볼 수 있다.

검룡은 '용이 되지 못하고 물속에 사는 이무기'라는 뜻이기도 하지만 '검'은 단군왕검의 검(儉) 자로 통치자를 뜻하는 신을 내포하기도 한다.

전설에 의하면, 서해에 살던 이무기 한 마리가 용이 되고 싶어 한강을 거슬러 와 용틀임을 했으나 승천하지 못하자 용소에서 신룡(검룡)으로 머물며 마을의 소를 잡아먹자 마을 사람들이 지금의 용소 안에 가둬 버렸다 한다.

1986년 지금의 모습으로 복원하고 한강의 발원지로 인정받았고 2010년 명승으로 지정되었다.

검룡소와 대덕산 태백산 일대에는 희귀식물과 멸종위기 생물들이 다수 서식하는데 대표적인 희귀식물로는 대성쓴풀, 좁은잎덩굴용담, 나도범의귀, 복주머니란, 꼬인용담, 부전투구꽃 등이 있다.

꽃쥐손이와 선백미꽃 핀 길을 걸어

6월 10일경, 대덕산에서는 날개하늘나리, 나도수정초, 구슬붕이, 구슬댕댕이, 꽃쥐손이, 요강나물, 선백미꽃, 지치, 노란장대, 노랑갈퀴, 초롱꽃, 전호, 광대수염, 감자난초, 은대난초, 백당나무, 세잎종덩굴, 인가목, 고광나무, 박새, 범꼬리, 태백기린초, 터리풀, 여로, 당분취, 말나리, 삿갓나물, 송장풀, 큰꼭두서니, 당개지치, 종둥굴레, 퉁둥굴레, 선쾡이눈, 명자순, 까치밥나무, 네잎갈퀴나물, 나비나물, 광릉갈퀴, 병조희풀, 미나리아재비, 쥐오줌풀, 야광나무, 긴사상자, 산괴불주머니, 천남성, 점박이천남성, 산장대, 벌깨덩굴, 산사나무, 회리바람꽃, 노루삼, 광대수염, 나도냉이, 유럽나도냉이, 쥐다래, 개다래, 점나도나물, 벌노랑이 등을 만난다.

쥐다래(다래나무과 다래나무속) 꽃이다. ▲

쥐다래는 개화 시 잎의 일부가 백색으로 변하고 붉은색을 띠다가 나중에 다시 녹색으로 변한다.
개다래 역시 일부가 흰색으로 물들지만 붉은색으로는 변하지 않는다.
쥐다래의 꽃받침은 붉은색을 띠고 꽃은 개다래보다 작다.
시기적으로도 개다래가 쥐다래보다 늦게 피는 편이다.

다래나무와 쥐다래가 암수딴그루라면 개다래는 암수딴그루이기도 하고, 한 꽃에 암술과 수술이 함께 나오고 암술과 퇴화한 헛수술이 있는 암꽃이 나오기도 한다는 도감 설명도 있다.

그 설명에 맞는 개다래(다래나무과 다래나무속) 사진이다. 위 사진이 암수술이 함께 있는 사진이라면, 아래 사진은 두 개가 암꽃이고 오른쪽 꽃은 양성화일 수 있다. 양성화는 암술과 수술을 모두 구비하고 있는 데 반해 암꽃은 암술만 있고 노란 수술이 보이지 않는다.

양성화와 암꽃 모두 암술은 하나인데 암술대가 끝에서 여러 갈래로 갈라지는 게 보인다. ▲

검은 꽃밥이 사랑스러운 다래나무(다래나무과 다래나무속)다. ▲
꽃부터 열매까지 쥐다래와 개다래를 구분해야 하는 수고로움 없이 '원조 다래나무는 이런 거야'를 보여 주듯 그 자태가 우아하기까지 하다.
다래나무는 꽃밥이 검은색이라면 쥐다래와 개다래는 꽃밥이 노란색을 띤다.

태백기린초(돌나물과 기린초속)다. ▶

키가 20㎝ 미만으로 작고, 잎은 광난형에 치아상 톱니가 있는 태백기린초는 태백산이나 금대봉에서 자생하여 붙여진 이름이다.
이름 중에 태백이 들어간 식물명이 많은데 처음 발견지가 태백이거나 자생지가 태백 일대여서 붙여진 이름으로 태백취, 태백바람꽃, 태백개별꽃, 태백제비꽃, 태백이질풀 등이 있다.

기린초는 잎의 형태 등에 따라 종류도 다양한데 기린초, 가는기린초, 넓은잎기린초, 큰기린초, 섬기린초, 애기기린초, 털기린초 등이 있다.

둥굴레 종류는 다양한 데다 비슷해 은근 구별이 까다롭다. 이것은 종둥굴레(백합과 둥굴레속)다. ◀

이런 비슷한 형태의 둥굴레가 여럿 있는데, 막질로 된 작은 포는 꽃이 피며 사라지고 퉁둥굴레에 비해 전체적인 크기도 작다.

야생화에 관심 있는 사람들에게 포엽에 쌓인 것이 특징인 용둥굴레나 퉁둥굴레는 그나마 많이 알려졌지만 종둥굴레에 대해서는 생소해하는 사람들도 있다.

이것이 퉁둥굴레(백합과 둥굴레속)다. 6월 말 모습이다. ▼
화경(꽃줄기)은 길게 늘어트리고 작은 포엽에 쌓여 2~4송이씩 꽃을 피운다.

용둥굴레(백합과 둥굴레속)와 기본형의 둥굴레(백합과 둥굴레속)다. ▲
용둥굴레는 포엽이 커서 꽃을 피운 뒤에도 꽃을 감싸고 있는 모습이 보이고, 꽃줄기는 퉁둥굴레보다 짧다.

누른종덩굴로 불리던 녀석인데 지금은 세잎종덩굴(미나리아재비과 으아리속)로 통합되었다. 대체로 고지대에서 만날 수 있다.
대부분은 적자색의 세잎종덩굴을 보게 되는데 잎이 세 장씩이라 붙여진 이름이다. 꽃의 색 때문에 같은 으아리속의 개버무리와 살짝 혼동할 수도 있다. ▼

개버무리(미나리아재비과 으아리속)다. 중북부 주로 강원도 일대에서 접할 수 있다. 버무리라는 말은 여러 가지 재료를 한데 뒤섞어 만든 음식을 말한다. 그 앞에 접두사 개가 붙었는데 잘못 버무린 꽃이라는 뜻이 된다. 잎과 줄기, 꽃이 조화롭지 못하다 여겼는지도 모른다. 키가 껑충한 덩굴에 연노란 꽃이 마치 개처럼 보이고 잎과 줄기가 덩굴져 있어 개가 어우러져 있는 것 같다 하여 붙여졌다는 설이 있다. ▲

줄기 끝에 1개의 꽃을 피우는 요강나물(미나리아재비과 으아리속)이다. ▶
주로 강원 이북 고산에서 만날 수 있는데 벨벳 같은 꽃에는 흑갈색 털이 뒤덮이고 덩굴이 아닌 반관목이다.
잎이 한 줄기에 3개가 나거나 단엽이 깊게 세 갈래로 갈라지는 특징이 있다.

검종덩굴(미나리아재비과 으아리속)처럼 덩굴성으로 옆으로 퍼지지 않고 서서 직립하는 종덩굴이라 해서 선종덩굴로 불리기도 한다. 벌써 열매 맺은 아이들도 보인다.
요강나물을 검종덩굴로 오해하기도 하는데 간혹 곁가지를 내기도 해서다.

낙엽활엽 덩굴성인 검종덩굴(미나리아재비과 으아리속)이다.
검종덩굴은 소엽이 5~9개 정도로 요강나물보다 많고, 줄기잎이 덩굴손으로 길게
벋는 특징이 있다.
이미 열매로 변하고 있는 요강나물에 비해 개화가 조금 더 늦는 편이다. ▲

대덕산 곳곳에는 선괭이눈(범의귀과 괭이눈속)이 군락을 이어 살아가고 있다. 주로
강원도 깊은 산의 습한 곳에서 자생하는데 이미 결실을 맺고 있다.

109

우측의 꽃은 4월 모습이다. 선괭이눈은 서 있는 괭이눈이라는 뜻으로 길쭉한 로제트형의 잎이 특징으로 가장자리엔 톱니를 가지고 있다. 결실을 맺을 때가 되면 노란색 포엽이 점차 녹색으로 변하게 된다. ▲

해당화나 찔레꽃이 연상되기도 하는 인가목(장미과 장미속)이다. 바닷가에 해당화가 있다면 고산엔 인가목이 있다 생각하면 된다.
인가목이라는 유래에 대해서는 정확히 알려지지 않았지만 정태현의 《조선삼림식물도설》에 의하면 땃두릅나무의 한자명이 인가목(인삼 같은 줄기를 가진 나무)으로 기록된 것으로 미루어 잎이 진 뒤의 가시 줄기가 땃두릅나무와 비슷해 혼동해 잘못 불린 것은 아닐지 추정하고 있다.
인가목, 흰인가목, 붉은인가목, 생열귀나무 모두 중북부 고산에서 만날 수 있는데 이 중에 그래도 고산에 오르면 인가목을 가장 쉽게 접할 수 있다. 꽃은 연한 홍색이거나 흰색에 가깝게 피기도 한다. 잎은 넓은 거꿀달걀모양이고 열매는 긴 타원형이다.
인가목은 꽃받침과 꽃의 길이가 비슷하거나 길고 꽃받침이나 꽃자루 등에 선모와 가시가 있다. ▼

열매가 길쭉한 인가목 열매. ◀

흰인가목(장미과 장미속)은 꽃이 흰색이고 연한 분홍빛을 띠기도 한다. 꽃도 잎도 열매도 인가목에 비해 무척 작고 전체적으로 가시와 털이 많다.
주로 설악을 포함 중북부 고지대에서 아주 드물게 만날 수 있는 종으로 장미속 식구 중에 유일하게 국가적색목록 위기에 평가되어 있다.
열매는 인가목처럼 타원형으로 익는다. ▼

** 해당화, 붉은인가목, 생열귀나무 열매는 둥글고 통통한 데 비해 인가목 흰인가목 열매는 길쭉하다.
보통은 이렇게 정의를 내리지만 생열귀나무 열매는 구형이거나 타원형으로 길쭉한 것도 있다. 몇 년 전 국립수목원에 식재된 생열귀나무의 열매가 길쭉한 것과 둥그런 구형인 두 종류가 있어 이름표 하나를 잘못 달았나 의심한 적이 있었는데 긴생열귀라 불리던 종의 열매가 긴 것이다. 열매가 긴 생열귀나무는 인가목 열매와도 닮아 있다.

생열귀나무(장미과 장미속)다. ▲ ▶

생열귀나무는 타원형과 구형으로 열매를 맺을 수 있어 혼동을 할 수도 있다. 둥그런 구형의 생열귀나무 열매는 얼핏 해당화와도 비슷하지만 해당화에 비해 잎도 열매도 소형이다.

생열귀나무의 변종으로도 취급되는 붉은인가목은 생열귀나무와 매우 흡사해 구별이 어려워 학자들마저 하나로 보는 견해들이 있다. 붉은인가목은 꽃받침과 꽃자루에 털이 없는 편이지만 개체에 따라 꽃받침에 샘털이 있기도 하다. 생열귀나무는 꽃자루에 샘털이 있다.

6월의 숲은 고광나무(수국과 고광나무속 또는 범의귀과 고광나무속) 새하얀 꽃에 시선이 따라갈 수밖에 없다. 고광나무 중에 얇은잎고광나무다.

고광나무는 '고'와 '광'의 합성어로 혼자 빛을 낸다는 의미다. 하얀 꽃이 많이 달리니 깜깜한 밤에도 그 빛이 발했을 만큼 흰 꽃이 부각되었을 것이다.

고광나무는 종류도 많거니와 꽃의 암·수술과 털의 유무 등을 접사해 비교해 봐야 이름을 달리 부를 수가 있다. 얇은잎고광나무는 암술대와 꽃받침(화탁)에 특히 암술대에 털이 없는 것이 특징이고, 고광나무는 암술대에 털이 있어 구별되지만 애매한 경우도 있기 마련이다. 우리나라 산지에서 나는 대부분의 고광나무속은 얇은잎고광나무가 많다. ◀

산길 곳곳에서 눈에 띄는 큰꼭두서니(꼭두서니과 갈퀴덩굴속)다. ▶

갈퀴덩굴속은 비슷한 듯 복잡 다양한 집안으로 잎 모양과 개수, 잎자루의 여부, 털의 유무 등으로 구별이 된다.

큰꼭두서니 잎은 4장이 돌려나기 하고 잎자루가 있는 것이 특징이다.

정말 오랜만에 담아 보는 노란장대(배추과 노란장대속)다. ▲

국생종(국가생물종지식정보시스템) 자료에 의하면 우리나라 각처의 산에 자생한다 하지만 실제로는 주로 강원도 산에서 그리고 일부 경북의 산에 서식하고 있다.

태백산, 오대산, 선자령, 점봉산, 민둥산 등등…. 특히 대덕산의 6월은 다른 꽃들 대신 노란장대가 노랗게 수를 놓는다.

장대라는 말은 줄기가 장대처럼 곧고 길게 뻗어 붙여진 이름으로 장대라는 수식이 들어간 배추과의 식물이 많다. 장대냉이, 장대나물, 가는장대, 갯장대, 느러진장대, 산장대, 바위장대, 애기장대, 털장대 등등.

전호(산형과 전호속)다. ◀
전호는 잎도 꽃도 사상자와 비슷하지만 꽃잎 바깥쪽이 안쪽보다 큰 특징이 있어 사상자와 구별된다.
일주일만 이르게 찾았다면 대덕산 정상부 너른 벌판에는 전호밭이 펼쳐져 있었을 것이다.
지고 있지만 그래도 곳곳엔 전호가 이 시기를 대변하고 있다.
전호는 중국 이름에서 온 것인데 한약명으로 뿌리를 '전호' 또는 '아삼'이라 부르는 데서 그 이름이 유래되었다.
독특한 향이 있어 어린잎은 나물로도 인기가 좋아 이른 봄이면 전호를 채취하는 사람들도 볼 수가 있다. 6월이면 울릉도의 숲에도 전호가 흰 꽃밭을 이룬다.

이맘때 태백산과 대덕산에는 꽃쥐손이(쥐손이풀과 쥐손이풀속)가 풍년이다. ▼
꽃쥐손이는 태백산이나 오대산, 만항재, 덕유산 등 주로 북부 고산지대에서 자란다.
6월은 조금 애매한 계절일 수도 있다.
봄 야생화는 모두 져 버렸고 그렇다고 여름 야생화는 아직 좀 이른 어중간한 시기. 그 속에서 꽃쥐손이만이 '나 꽃이요~~' 그 존재 확실히 각인시켜 주고 있다.
꽃쥐손이는 쥐손이풀속 식구들에 비하면 유독 꽃이 크고 예쁜 꽃을 피우니 꽃이란 접두사를 붙여 줬을 것이다. 잎 모양이 쥐 발바닥 모양을 닮아 쥐손이란 이름

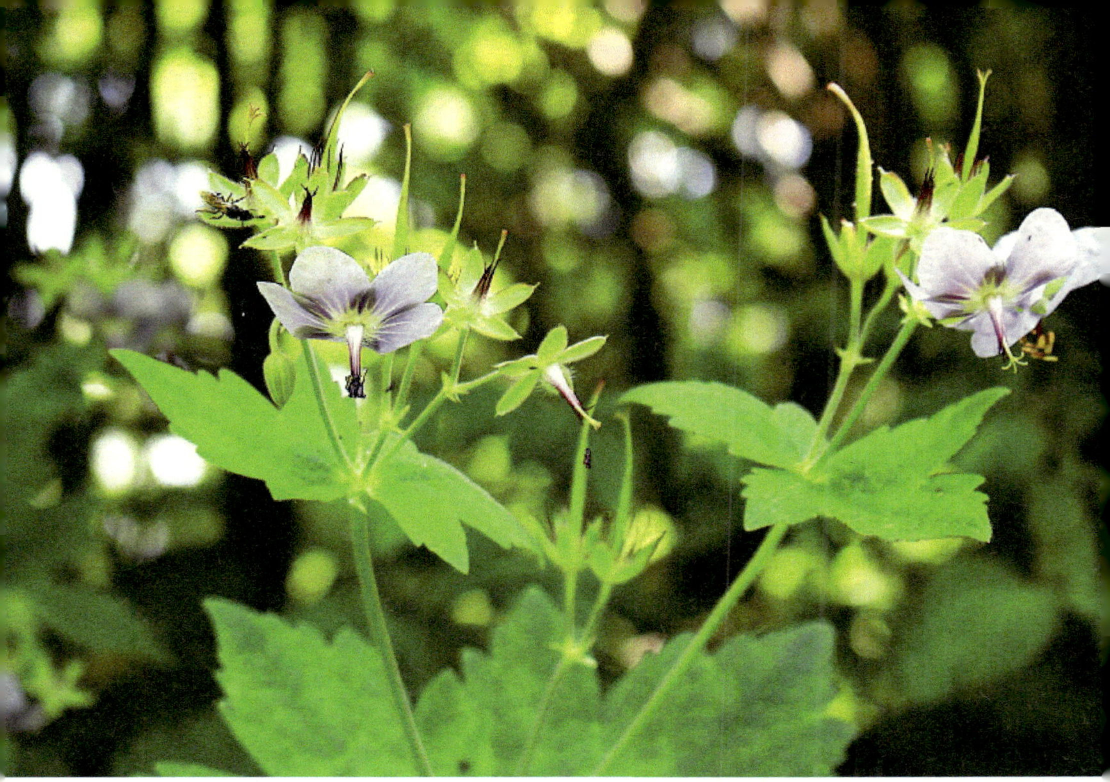

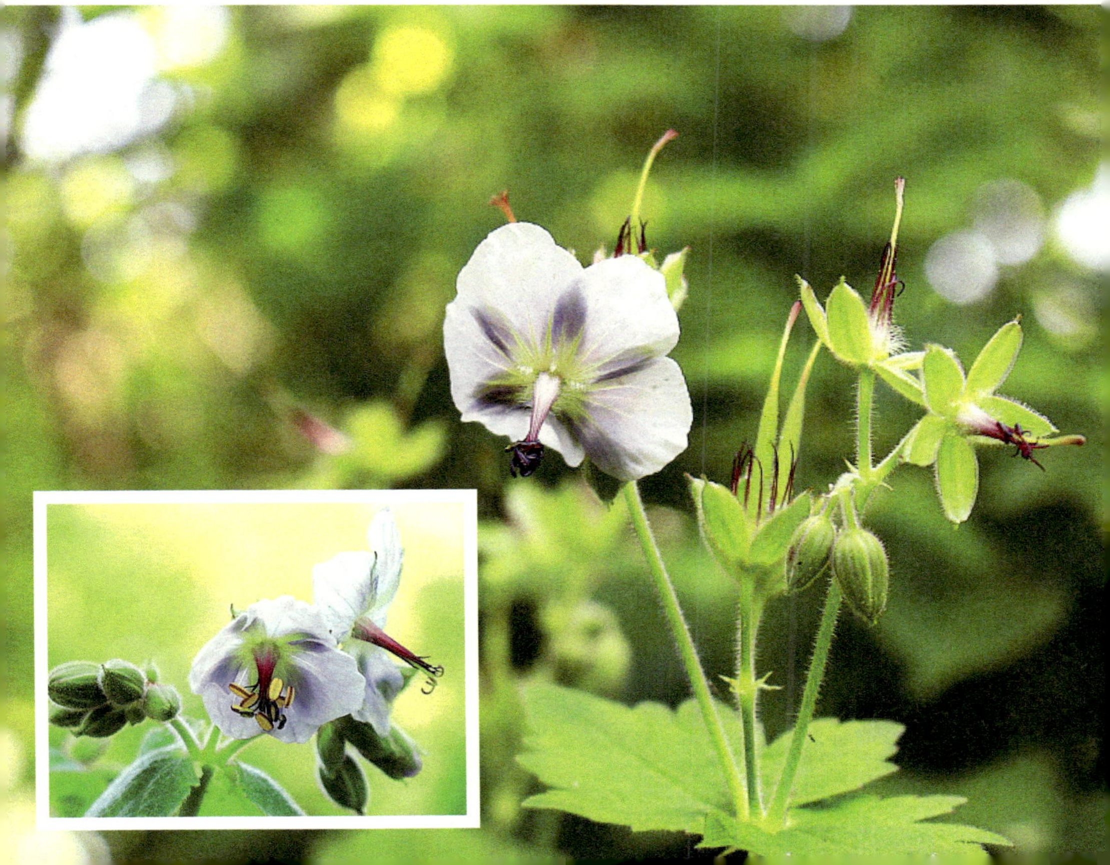

에 포함되었지만 꽃만큼은 어느 정원에 피어난 커다랗고 화려한 꽃을 능가한다. 긴 암술을 툭 튀어나오게 내밀고 그 주변에 수술들이 호위하듯 자리 잡았다.
6월임에도 한여름 무더위를 연상시키니 이미 꽃은 지고 촛대 같은 열매로 변한 모습들도 많이 보인다.

참으로 신비스러운 생명체가 아닐 수 없다. 식물이라 생각하지 못하고 지나칠 수도 있다.
나도수정초(노루발과 나도수정초속 또는 수정난풀과 나도수정초속)다.
숲속의 요정처럼, 백마처럼, 외계인처럼….
나도수정초는 엽록체가 없는 식물로 스스로가 광합성을 하지 못하고 썩은 낙엽이나 썩은 뿌리, 동물의 사체 등에서 영양분을 섭취하여 살아가는 부생식물이다. 살아 있는 다른 식물에 기생하는 기생식물과는 다른 것이다.
광합성을 하지 않아 전초가 흰색이고 잎은 비늘처럼 얇게 막질화되었다.
꽃 속은 외눈박이 외계인 같은 푸른 눈동자가 매력인데 아직 제대로 드러나지 않았다. ▲

** 산림청 산하 국립수목원 국가표준식물목록에는 나도수정초를 노루발과로, 환경부 산하 국립생물자원관 한반도의 생물다양성에는 수정난풀과로 분류하고 있다. 너도수정초는 구상난풀에 통합되었다.

나도수정초와 비슷한 부생식물에 수정난풀이 있는데 수정난풀은 꽃 속이 노란색이다.

감자난초(난초과 감자난초속)다. ◀

난초과의 여러해살이풀 감자난초는 감자처럼 보이는 지하 뿌리(비닐줄기)가 생기는 난초라 그 이름이 붙여졌다.

꽃자루가 있는 황갈색의 꽃을 피우고 전체가 30~50㎝로 커서 자생의 난초류 중에서는 알아보기 쉬운 데다 보기에도 시원시원해 좋다. 꽃이 필 때쯤이면 잎이 황변해 휴면에 들기 때문에 잎은 볼 수가 없다.

감자난초의 꽃말이 '숲속의 요정'이라니 녹음 속의 노란 꽃이 요정처럼 산뜻함을 선사한다.

산골무꽃(꿀풀과 골무꽃속)이다. ▼

생김새가 산골무꽃과 호골무꽃은 많이 흡사한데 털의 밀도로 이름이 달라진다. 산골무꽃이 전체에 털이 많다면 호골무꽃은 마디에 종종 털이 있을 뿐 잎이나 줄기 등에 털이 많이 없는 편이다. 잎이 가장 두터운 것은 떡잎골무꽃이다.

산골무꽃은 사진상에는 크게 부각되지 않지만 잎이나 줄기 등 전초에 털이 많고 잎자루가 길다. 골무꽃에 비하면 잎이 얇고 골무꽃은 위아래의 잎의 크기가 거의 같다면 산골무꽃은 위로 갈수록 잎이 작아진다.

이 아이를 보겠다면 일단 이 아이 존재를 알아야 하고, 만나겠다는 의지로 주의를 두리번거려야 한다. 꽃이 작아 관심을 주지 않으면 그냥 지나쳐 버릴 수 있기 때문이다. 아무 수식 붙지 않는 지치(지치과 지치속)다. 잎과 잎자루, 줄기, 꽃받침 등 전초에 털이 많다.

지치 만나기가 왜 그리 힘든지, 정확히 자생지를 알아야 만날 수 있기 때문이고 전체적인 크기는 30~70㎝지만 꽃부리 길이가 6~7㎜로 작아 눈에 잘 띄지 않기도 한다. 또한 지치 뿌리가 약재로 좋아 약초꾼들이 지치를 보면 채취해 가는 이유도 있다고 한다.

지치는 지초, 자초라고도 불리는데 뿌리가 자주색을 띠기 때문이다. 지치 뿌리는 자색이 강해 지치가 자라는 주변의 흙도 자색을 띨 정도여서 옛날에는 염료로도 사용했다. ▲

대덕산에서 만날 수 있는 당개지치(지치과 당개지치속)는 지치과의 여러해살이풀로 높이 40㎝ 정도에 줄기는 곧추서고 줄기 아래쪽의 잎은 어긋나고 줄기 위쪽은 넓은 잎 5~6장이 촘촘하게 달려 돌려난 것처럼 보인다.

보라색(자주색) 꽃은 5월 모습이고 6월 초순인 현재는 이미 열매를 품기 시작했다. 전북 이북의 높은 산에 서식하는데 주로 경북과 경기, 강원도에서 볼 수 있다. 필자가 당개지치를 만난 곳은 대부분 강원도 고산이었다. ▲

5개의 조그만 별. 6월 대덕산 정상부의 햇살 좋은 풀밭에는 평소 만나기 어려운 선백미꽃(박주가리과 백미꽃속)이 가득 피어난다.
꽃이 작다 보니 얼핏 꽃이라 생각하지 못하고 지나치다가 선택미꽃임을 알아본 순간부터 주위를 둘러보면 온통 이 자줏빛이 깔려 있다. 어느 산에서도 이렇게 많은 선백미꽃 군락을 본 적이 없다.
선백미는 서 있는 백미라는 뜻이다.
선백미꽃은 노란색에서부터 연두색, 자주색에 이르기까지 꽃 색의 변이 폭이 심해 혹 다른 아이인가 의심을 하기도 할 것이다. 대덕산에는 자주색 선백미꽃이 주를 이루고 노란색의 선백미꽃도 조그맣게 군락을 이뤄 자릴 잡았다.
우리나라에는 20곳 미만의 자생지가 있다 알려져 있고 2012년판 희귀식물에는 취약종, 2022년 적색목록에는 약관심에 평가되어 있다. ▲

** 보통의 산길에서는 백미꽃속 중에 흰색 꽃을 피우는 민백미꽃을 흔하게 보게 된다. 백미는 흑자색, 선백미는 노란색과 자주색, 민백미는 흰색, 솜아마존은 연한 황색과 흑자색 두 가지 색으로 핀다.
솜아마존이라는 이름은 생소할 수도 있는데 역시 백미꽃속어 속한 백미의 일종인데 적색목록 위기에 속하는 종이다.

주인공 날개하늘나리를 만나다

바람의 언덕으로 유명한 백두대간 매봉산 방향으로 피어난 구슬댕댕이(인동과 인동속)다. 바람의 언덕 매봉산은 풍력발전단지와 고랭지배추밭으로 유명해 관광객들이 많이 찾는 장소다.

대덕산 정상 일대에는 연한 노란색 꽃을 피운 구슬댕댕이(인동과 인동속) 일색이다.

드물게 볼 수 있는 구슬댕댕이를 이렇게 많이 만나는 것은 대덕산이 유일하지 않을까 싶다.

구슬댕댕이는 중부 이북, 경기 북부와 강원도, 그리고 소백산의 백두대간 고

산에서 드물게 자생하는 한국특산식물이다. 꽃자루는 잎겨드랑이에 바짝 달리고 잎과 가지에도 털이 많이 느껴진다.

얼핏 꽃만 보면 같은 인동속의 인동덩굴이나 댕댕이나무, 괴불나무 종류와 착각을 할 수도 있다. 흔하게 접할 수 있는 인동덩굴은 저지대 어디에서든 볼 수 있고, 댕댕이나무는 강원 북부 주로 설악에서 만날 수 있다.

특히 가을이 되어 붉은 열매를 맺으면 괴불나무 종류들과 혼동하기 쉽다. ▲

9월이면 터질 듯 탐스럽게 익는 구슬댕댕이(인동과 인동속)다.

댕댕이는 '굳고 단단하다'라는 우리말로 열매가 꽉 차 있는 모양을 보고 유래했으니 구슬처럼 맑고 영롱한 열매가 꽉 들어찬 모습을 보고 구슬댕댕이라 명명했다. 9월이면 대덕산 일대에는 구슬댕댕이 열매로 또 다른 장관을 연출한다. ▲

정상부 언덕에 가지를 많이 치는 구슬붕이(용담과 용담속)가 자라고 있다. ▲
구슬붕이라는 이름은 열매가 마치 구슬을 담은 것과 같고, 꽃이 피기 전의 꽃봉오리 상태가 구슬을 머금은 것처럼 보여 붙여졌다.
봄이면 흔히 접하는 큰구슬붕이(용담과 용담속)에 비해 구슬붕이는 고산의 볕 좋은 초지에서 드물게 만나게 된다.
큰구슬붕이에 비해 꽃이 작고 꽃 색도 연한 청색을 띤다.

** 구슬붕이가 밑에서부터 가지가 분지된다면 큰구슬붕이는 가지가 분지되지 않고 줄기 끝에서 여러 송이가 모여 꽃이 핀다.

구슬붕이는 잎이 얇고 투명한 녹색 계통이라면 큰구슬붕이는 잎이 두껍고 뒷면에 적자색을 띠기도 한다.

구슬붕이는 고산구슬붕이와도 혼동할 수 있다.

구슬붕이는 줄기잎이 난형에 가깝고 꽃받침이 뒤로 젖혀지고 벌어진다면, 고산구슬붕이는 줄기잎과 꽃받침이 좁은 선형으로 뒤로 젖혀지지 않고 화통에 붙는 직립형이다.

흔하게 접하는 큰구슬붕이는 하나의 줄기 끝으로 여러 송이의 꽃이 핀다. 처음부터 가지를 많이 분지하는 구슬붕이와의 차이점이다. 구슬붕이에 비해 잎은 더 빳빳하고 어두운 적갈색을 띠기도 한다. ◀

외래식물(귀화식물)로 우리나라에 들어왔던 서양벌노랑이의 변종으로 이젠 높은 산 정상부에 자생하고 있는 벌노랑이(콩과 벌노랑이속)다. ▼

벌노랑이는 꽃대 끝에 1~3개의 꽃이 핀다면, 서양벌노랑이는 긴 꽃대 끝에 3~7개의 꽃이 핀다.

벌노랑이가 높은 고산부에서 볼 수 있다면 서양벌노랑이는 저지대에서 볼 수 있다.

벌노랑이가 자생식물이라면 서양벌노랑이는 외래식물로 분류되어 있다.

3~7개의 꽃이 달리는 서양벌노랑이(콩과 벌노랑이속)다. ◀
귀화식물로 처음엔 남부지방에서 발견되었지만 지금은 서울뿐 아니라 전국 저지대의 들이나 밭가, 바닷가, 모래땅 등에서 볼 수 있다.
꽃이 5~15개로 더 많이 달리는 외래식물 들벌노랑이도 있다.

오늘 이 산의 주인공인 날개하늘나리(백합과 백합속)다. ▼
멸종위기 야생생물 2급이자 한국의 국가적색목록 기준 평가 위급에 속할 만큼 그 가치가 매우 큰 여러해살이풀이다.
줄기에 지느러미 같은 얕은 날개가 있어 붙여진 이름으로 높은 산의 햇볕이 잘 드는 초지에 자생하는데 대덕산, 소백산, 방태산, 지리산, 덕유산이 대표적이다. 하나같이 몇 촉 정도만이 간신히 남아 말 그대로 멸종이 우려되는 위급한 상황으로 명맥을 유지하고 있다.
줄기의 날개는 아주 미약하거나 거의 드러나지 않기도 하지만 화관이 빵빵하고 꽃이 하늘나리나 큰하늘나리보다 커서 구별이 된다.
전체적인 크기는 20~90㎝, 잎은 가는 피침형에 어긋나기 하고, 꽃은 황적색 바탕에 자주색 반점이 있고 꽃잎은 6장이 하늘을 향해 핀다.
자생에서는 보기가 힘드니 요즘은 황적색은 물론 노란색까지 원예종을 만들어 시장에 나오고 있다.

날개하늘나리

대덕산엔 6월 초중순까지 날개하늘나리가 핀다면 6월 중순경~7월에는 하늘나리가 핀다.
시기적으로 하늘나리가 좀 더 늦게 핀다 보면 된다. 날개하늘나리를 검색하다 보면 하늘나리를 날개하늘나리라 잘못 올려 둔 블로그나 카페들이 많다. 날개하늘나리는 물론 하늘나리 역시 다른 나리 종류들(참나리, 말나리, 털중나리, 솔나리 등등)에 비해 노출이 많이 되지 않았기 때문일 수도 있다. 더군다나 지역마다 피는 시기가 조금씩 차이가 있고, 날개하늘나리가 7~8월경에 개화한다는 일부 도감 자료가 있어 온난화로 기후가 변해 가는 요즘 상황과는 맞지 않아 착각해서일 수도 있다.

** 백합속 나리 종류는 꽃이 어느 방향을 바라보느냐에 따라, 잎이 어떤 형태인지에 따라 이름이 달라진다.
꽃이 땅을 보면 땅나리, 중간쯤을 보는 중나리, 중나리면서 털이 있는 털중나리, 잎이 어긋나기 하면서 선형이고 하늘을 보는 하늘나리, 습한 초원을 좋아하고 하늘나리보다 잎이 크고 넓은 큰하늘나리, 줄기에 날개 모양의 좁은 선이 나 있는 날개하늘나리, 잎겨드랑이에 주아가 생기는 참나리, 분홍색(홍자색) 꽃을 피우고 잎이 솔처럼 가느다란 솔나리, 잎이 돌려나기 하는 말나리와 하늘말나리, 섬말나리 등….

6월은 야생화의 휴면기라고 표현하는 사람들도 있지만 그 속에는 6월에만 볼 수 있고 느낄 수 있는 소중한 생명들이 손짓하고 있다.
7월 말~8월 초, 태백산의 일부인 만항재와 함백산 일대에 야생화축제가 시작될 즈음엔 대덕산과 금대봉 일대에도 '금대화해'라 할 정도로 들꽃이 바다를 이루게 된다.
봄부터 가을까지 희귀식물은 물론 수많은 들풀꽃나무가 숨을 쉬는 야생화의 대명사 천상의 화원 대덕산이었다.

풍경과 산행이 어우러진
멸종위기
야생화
탐방

대관령과
선자령의 8월,
야생화의
절정을 맞다

대관령은 강원도 평창과 강릉의 경계에 위치하고 옛날엔 강릉에서 서울이나 영서지방을 넘나들던 큰 고개였다. 고속도로가 생기면서 예전처럼 대관령 옛길을 넘을 일이 많지 않아졌지만 설경 하면 대관령과 선자령이 떠오를 만큼 겨울철에 인기가 좋다. 드라이브 삼아 대관령을 넘다 양떼목장에 들러 보아도 좋고, 풍차가 있는 선자령으로 슬슬 올라 보는 것도 좋다.

강원도 평창군 대관령면에 위치하는 선자령(1,157m)은 백두대간 주능선에 솟은 봉우리다. 선자령은 초원, 초지라는 단어가 떠오를 만큼 우리나라에서는 몇 안 되는 목초지의 너른 들판이 인상적인 곳인데 1,000m가 넘는 완만한 지대에 목장이 들어서 있기 때문이다.

그로 인해 주말이 되면 텐트객들이 점령하는 대표적인 장소로 밤이 되면 불야성이 펼쳐지기도 한다. 물론 목장주는 야영을 금지하고 있다.

선자령 하면 목초지가 먼저 떠오르지만 식물이 잘 살아갈 수 있는 계곡도 있어 다양하고 수많은 생명들을 키워 내고 있다.

선자령 가는 대중교통은 동서울터미널이나 남부터미널에서 횡계로, 횡계에서 대관령 양떼목장 가는 버스를 타면 된다. 용평리조트와 알펜시아를 순환하는 버스로 1일 4회(왕복 8회) 운행 중이다(2024년 하반기 기준).
대관령과 선자령은 겨울 설경으로 가장 유명하지만 이른 봄부터 온갖 야생화가 지천으로 피어나 관심 있는 사람이라면 한 번쯤 들러 보아도 좋을 식생 풍부한 숲이기도 하다.

금꿩의다리가 유혹하는 숲을 따라서

8월 초 선자령에서는 만삼, 개미취, 금꿩의다리, 제비동자꽃, 동자꽃, 산외, 나도잠자리란, 말털이슬, 도둑놈의갈고리, 돌바늘꽃, 나비나물, 나도하수오, 흑쇄기풀, 멸가치, 물봉선, 쉬땅나무, 꼬리조팝나무, 세잎쥐손이, 도라지모시대, 넓은잔대, 좁쌀풀, 참좁쌀풀, 물양지꽃, 노박덩굴, 산톱풀, 조밥나물, 쇠서나물, 영아자, 산꼬리풀, 참싸리, 마타리, 큰조아재비, 큰기름새, 까실쑥부쟁이, 회나무, 참빗살나무, 여로, 층층이꽃, 산층층이, 술패랭이, 짚신나물, 광릉갈퀴, 싱아, 박주가리, 솔나물, 가는잎어수리, 어수리, 연영초, 냉초 등등 헤아릴 수 없을 만큼 다양한 식물이 자라지만 지금 이 시기 선자령을 대표할 만한 몇몇 아이들만 소개하려 한다.

대관령에 도착해 계곡 따라 들어서면 가장 먼저 금꿩의다리(미나리아재비과 꿩의다리속) 화사함이 주변을 모두 흡수해 버린다. 트레이드마크라 해도 될 만큼 선자령 숲엔 금꿩의다리가 아주 볼만하다.
1m 이상 자라니 가지가 휘청거려 똑바로 서질 못한다.
금꿩의다리는 우리나라 특산식물로 꿩의다리 식구 중에 가장 화려하고 시원함이 돋보이지 않을까 싶다.
꿩의다리라는 이름은 줄기가 마치 꿩의 다리처럼 길기 때문에 붙여진 이름이고, 노란 수술이 금빛을 띠어 '금'이라는 접두사가 붙게 되었다.
자주색 꽃잎에 황금 꽃술이 사람을 유혹해 대고 큰 키에서 뿜어져 나오는 오라에 압도당하는 느낌이다.
금꿩의다리 아름다움에 빠지니 주변에 많이 피어난 노루오줌이나 쉬땅나무, 꼬리조팝나무에게는 시선도 주지 않고 편애 중이다.♡
금꿩의다리는 중부 이북에서 서식하는데 일반 산행 시에 자주 접하는 은꿩의다리, 자주꿩의다리, 산꿩의다리와는 달리 만나기 쉽지 않은 여러해살이풀이다. 어느새 열매 맺은 모습도 보인다. ▲

가는 길은 온통 쉬땅나무(장미과 쉬땅나무속) 전성시대다. ▲

쉬땅이라는 이름이 참 독특하지 않은가. 쉬땅은 평안도 사투리로 수수를 말한다. 쉬땅나무가 열매를 맺으면 마치 수수 이삭처럼 보여 붙여진 이름이다.

꽃이 피기 전 쉬땅나무 꽃망울은 마치 진주알처럼 반짝거리지만 꽃이 익어 갈수록 복슬거리는 털 느낌이 강해진다. 중부 이북 높은 산에 자생지를 두고 있지만 요즘은 공원에 많이 심어 도심의 원예종으로도 사랑받고 있다. 간혹 팻말에 개쉬땅나무라 쓰여 있는데 통합되어 그냥 쉬땅나무라 부르면 된다.

분홍빛이 아주 진한 꼬리조팝나무(장미과 조팝나무속)도 쉬땅나무와 더불어 이 길에 가로수처럼 많기도 하다. 꼬리조팝나무는 꽃차례가 마치 동물의 꼬리처럼 보여 붙여진 이름이다. 시골 마을을 걷다 보면 어느 공기업에서 자회사 토지 구분을 위해 꼬리조팝나무를 울타리로 심어 둔 것을 종종 보게 된다. ▲

다닥다닥 흰색 꽃이 피는 기본형 조팝나무(장미과 조팝나무속)다. ▼

조팝나무는 자잘한 흰색 꽃잎에 안쪽으로 노란 꽃술을 가지고 있는데 그 모습이 좁쌀이 든 조밥처럼 보인다 해 조밥나무에서 조팝나무가 되었다.

배고픈 춘궁기 때, 밥보다 조밥을 더 먹던 시절의 애틋한 이름이다. 시골 민가 주변이나 밭가, 산기슭 어디에서나 잘 자라는 1~2m 정도의 관목으로 예전엔 싸리나무처럼 울타리로 많이 쓰이기도 했다.

가로수로 많이 심는 이팝나무는 흰쌀밥을 연상시켜 이밥나무에서 이팝나무가 되었다.

쐐기풀과에 속한 쐐기풀이나 모시풀 종류 아니겠나 싶어 가까이 가서 살펴보니 잎겨드랑이에 주아(살눈) 같은 혹이 달려 있다. 그렇다면 혹쐐기풀(쐐기풀과 혹쐐기풀속)이다. 선자령엔 유독 이 혹쐐기풀이 많이 보인다.

잎과 줄기에는 포름산(개미산) 성분이 들어 있는 가시가 있어, 피부에 닿으면 쐐기나방의 애벌레에 쏘인 듯 따끔거려 붙여진 이름이다. 웬만하면 만지지 않는 게 좋다. ▲

졸졸 물소리가 시원해 잠시 고개를 돌려 보니 자그마한 난초 하나가 보인다.
난초 종류는 만나는 기쁨도 잠시, 정확히 무슨 난초인지 고민하고 공부해야 하는 부담감도 함께 뒤따른다.

아무 생각 없이 지나가면 보지 못할 만큼 꽃도 작은 데다 비슷비슷한 난초 종류가 많아서다. 이 아이는 나도잠자리란(난초과 제비난초속)이다. 나도잠자리난초라 많이들 부르지만 국명은 나도잠자리란이다. 이름에 잠자리가 들어가니 잠자리난초속이 아닐까 싶지만 제비난초속에 속한다. 정작 잠자리난초는 해오라비난초속에 속하니 복잡한 난초류다.

잠자리난초와 비슷하다 하여 나도잠자리란이 되었고, 잠자리난초는 꽃의 생김새가 잠자리처럼 생겨 붙여진 이름이다.

잠자리가 들어간 비슷한 난초로는 개잠자리난초, 민잠자리난초, 넓은잎잠자리난초 등이 있다.

줄기 하부에는 두 장의 큰 잎이 있고, 꽃은 연한 녹색에다 꽃부리 길이가 3~3.5㎜밖에 되지 않아 꽃 같지 않지만, 자세히 들여다보면 그 나름 잠자리의 얼굴을 가지고 있고 그들만의 생존 방식으로 오늘을 살고 있다. ▲

참 반가운 만삼(초롱꽃과 더덕속)이다. ▼
그 옆을 지날 때 강한 향이 퍼지는데 여간 기분 좋은 게 아니다.

만삼은 줄기가 덩굴성인 삼이란 뜻으로 산삼에 버금갈 정도로 약효가 좋다고 한다. 혹자는 삼의 효능보다 만 배가 더 좋아 만삼이라는 농을 던질 정도니 채취해 가는 빈도가 높아 쉬 만나기가 어렵다.

적색목록 준위협에 이름을 올리고 있고, 무주(덕유산권)나 산청(지리산권)을 제외하면 주로 강원도의 깊은 산에서 드물게 자라고 있다.

얼핏 더덕(초롱꽃과 더덕속)이나 소경불알(초롱꽃과 더덕속)처럼 보이지만 꽃잎 안쪽에 자색 반점이나 무늬가 없어 더덕, 소경불알과 구별된다.

더덕과 소경불알은 꽃잎 안쪽에 자색 무늬가 있다.

깊은 산속의 잔대는 사진보다 직접 대면했을 때 더 앙증맞고 사랑스럽다. ▶

잔대 중에 넓은잔대(초롱꽃과 잔대속)다.

잔대는 모시대와 비슷하지만 아래쪽 잎이 돌려나기 하는 것이 가장 큰 차이점이다. 하지만 잔대의 잎도 어긋나기 하거나 마주나기 하는 것도 있고 종류도 복잡 다양하다. 도감의 오류로 예전엔 넓은잔대를 두메잔대로 잘못 부르기도 했었는데 두메잔대는 잎이 어긋나기 한다. 대부분 강원도의 숲에서 볼 수 있는 잎이 3~4장 돌려나기 하는 잔대는 넓은잔대(초롱꽃과 잔대속)다. 이도 저도 복잡하다 싶으면 그저 잔대, 잔대속이라 불러 줘도 무방하지 싶다.
잔대는 사삼이라 하여 예로부터 도라지나 더덕, 인삼처럼 사포닌이 풍부해 각종 약용식물로 애용되어 왔다.

돌려나기 하는 넓은잔대와 달리 잎이 어긋나기 하고 잎자루가 긴 모시대(초롱꽃과 잔대속)다. 모시대 중에 도라지모시대(초롱꽃과 잔대속)다. ▼ ▶
모시대에 비해 꽃이 크고 화통이 부풀어 있고, 꽃가지를 치지 않고 한 가지에 총상화서로 줄줄이 꽃을 피우는 것을 도라지모시대로 구별한다.
이 모습은 도라지모시대의 전형적인 특징을 그대로 갖고 있다. 그러나 모시대의 연속적 변이로 보는 견해들도 있다.
모시대라는 이름에 대해서는 정확한 유래를 찾을 수 없고, 그저 모시풀의 잎과 대나무의 줄기를 닮아 붙여졌다는 추정들을 할 뿐이다.

모시대 앞에 도라지가 붙은 것은 도라지처럼 꽃이 큼지막하고 풍성해서다. 보통은 하늘색 또는 연보라색으로 피지만 흰색의 도라지모시대도 있다.
도라지모시대는 깊고 높은 강원도 및 일부 고산에서 볼 수 있다.

꽃가지를 많이 쳐 원추화서로 꽃이 피는 모시대(초롱꽃과 잔대속)다. ▶

** 원추화서(원뿔모양꽃차례)는 복합화서로, 꽃가지가 여러 번 분지해 원뿔 모양을 이루는 꽃차례를 말한다. 총상화서(총상꽃차례)는 긴 꽃대 하나에 여러 개의 꽃이 붙어 밑에서부터 위로 피는 것을 말한다. 꽃 전체가 하나의 꽃송이처럼 보여 붙여진 말이다.

갈퀴 종류 중에 덩굴손이 없는 광릉갈퀴(콩과 나비나물속)다. ▼

광릉갈퀴는 잎겨드랑이에서 꽃차례가 나와 총상꽃차례로 꽃을 피우고, 덩굴손이 없이 4~5쌍의 잎이 달린다. 잎겨드랑이 아래엔 삼각 모양의 탁엽이 있고, 줄기는 네모난 듯 각이 지는 특징도 가지고 있다.

광릉갈퀴는 처음 광릉에서 발견되어 붙여진 이름으로 광릉요강꽃, 광릉골무꽃, 광릉족제비고사리, 광릉개고사리, 광릉골 등 광릉에서 채집되거나 그 지역에 서식지를 두어 붙여진 이름들이다. 국립수목원이 있는 포천 광릉은 서늘한 기온과 깊은 숲으로 북부지방에 자생하기 좋은 터전을 갖추고 있다.

** 나비나물속에 속한 식물에는 광릉갈퀴 외에 나비나물, 네잎갈퀴나물, 큰네잎갈퀴, 갈퀴나물, 등갈퀴나물, 나래완두, 가는갈퀴, 살갈퀴, 벌완두, 노랑갈퀴 등이 있는데 구별하기 까다로운 녀석들이 많다.

네잎갈퀴나물(콩과 나비나물속) 그리고 잎이 두 장씩 나비 모양으로 달리는 나비나물(콩과 나비나물속)이다. ▲

네잎갈퀴나물이라 해서 잎이 꼭 네 잎이 아닌 4~6장(2~3쌍)이다. 네잎갈퀴(꼭두서니과 갈퀴덩굴속)와 이름을 참 헷갈리게도 지어 놨다.

네잎갈퀴를 검색해 보면 백과사전에 네잎갈퀴나물이 뜰 정도니, 일반인들이 이름을 잘못 표기하거나 혼동스러워하는 것은 당연한 일일 것이다.

네잎갈퀴는 꼭두서니과에 속하고, 큰네잎갈퀴, 네잎갈퀴나물, 갈퀴나물은 콩과에 속한다.

벌완두(콩과 나비나물속)다. ▲

이런 모습을 보통 갈퀴나물이라 많이들 부르는데 두 종이 너무나 흡사해 구분이 쉽지 않아서다. 필자 역시 갈퀴나물이라 생각했던 것은 대부분 벌완두였다. 사진을 수차례 확인해 보고서야 확신을 할 수 있을 만큼 구별이 까다롭다.

벌완두와 갈퀴나물 모두 5~8쌍의 소엽으로 이루어져 있고 2~3개로 갈라진 덩굴손이 있다.

벌완두는 가지가 분지하는 곳에 2개로 갈라지는 가시 같은 작은 탁엽이 있다면 갈퀴나물은 3각상의 탁엽이 가장 큰 차이점이다.

갈퀴나물보다 벌완두 잎맥이 넓은 편이다. 등갈퀴나물의 잎은 8~12쌍 정도라 이들과 구별된다.

가지가 분지하는 지점에 3각 모양의 탁엽이 있는 갈퀴나물(콩과 나비나물속)이다. 탁엽은 벌완두보다 크고, 잎맥은 벌완두보다 좁은 편이다. ▲

제거 대상이기도 한 환삼덩굴이 꽃을 피웠나 다가가 보니 산외(박과 산외속)다.
박과의 덩굴식물인 산외는 깊은 산 유일하게 자생하는 산외속으로 총상꽃차례로 줄줄이 꽃을 피우는 이건 수꽃이다. ◀

암수술을 모두 갖춘 산외 양성화는 잎겨드랑이에 하나씩 달리고 열매로써 그 존재를 각인시킨다. 열매는 세 가닥으로 벌어지게 된다. ▶

좁쌀풀(앵초과 참좁쌀풀속)과 참좁쌀풀(앵초과 참좁쌀풀속)이 비교하기 좋게 가까운 곳에 자라고 있다. 왼쪽이 좁쌀풀이고 오른쪽이 참좁쌀풀이다.
좁쌀풀이라는 이름은 노란 꽃이 다닥다닥 붙은 모습이 좁쌀처럼 보인다 하여 붙여졌다. ▲

참좁쌀풀(앵초과 참좁쌀풀속). ▶
좁쌀풀은 상대적으로 꽃잎이 덜 뾰족한 편이고, 참좁쌀풀은 꽃잎이 왕관 끝처럼 뾰족하고 꽃잎 안쪽에 붉은 무늬가 선명하다.
좁쌀풀은 나지막한 곳에서도 만날 수 있지만, 참좁쌀풀은 주로 강원도나 경기도, 소백산 일대의 깊은 산 습한 곳에 서식하는데 좁쌀풀에 비하면 자생지가 넓지 않은 편이다.
좁쌀풀이라는 이름은 노란 꽃이 다닥다닥 붙은 모습이 좁쌀처럼 보인다 해 붙여졌다.

지난여름 대암산 용늪에 가 보니 참좁쌀풀을 많이 볼 수 있었는데, 대암산과 선자령은 고지대의 습한 환경이 비슷해 생태도 닮아 있다.

희귀한 식생이 많은 대암산 습지지만, 통제되고 줄지어 이동해야 하는 곳이라 몇 번 다녀왔지만 필자에게는 좀 답답한 일정으로 느껴지기도 했다.

대암산엔 삵, 산양, 담비, 제비동자꽃을 비롯해 비로용담, 기생꽃, 날개하늘나리, 참닻꽃, 금강초롱꽃 등 희귀 멸종위기 야생생물들이 다양하게 분포하고 있는 우리나라 대표 습지보호지역이라 할 수 있다.

예약을 하고 신분증을 확인하고 들어갈 수 있는 천연보호구역이므로 제약적인 것이 따르긴 하지만 한반도의 식생과 기후변화 연구에 중요한 학술적 가치를 지니고 있는 곳으로 한 번쯤은 꼭 다녀올 만한 곳이다.

반영된 숲이 이렇게도 매혹적일 수가 없다.
나르키소스가 아니라도 저 계곡에 비친 모습이라면 누구라도 사랑에 빠질 것만

같다. 나르키소스는 그리스로마신화에 나오는 인물로 호수에 비친 자신의 모습을 사랑하다 그 사랑을 찾아 물에 빠져 숨진 자기애의 표상이다. 자기애를 뜻하는 나르시시즘 역시 거기에서 나온 말로, 어쩌면 SNS 등에 자기를 나타내고 싶어 하는 현대인들의 모습인지도 모른다.

돌이나 바위 주변에서 잘 자라는 것을 돌양지꽃(장미과 양지꽃속)이라 이름 지었듯, 산지의 습한 곳에서 자라는 물양지꽃(장미과 양지꽃속)이다. 물양지꽃은 가지를 많이 치고 크기는 100㎝까지 덩굴로 뻗어 나가기 때문에 다른 양지꽃과 구별이 된다. 보통 양지꽃 종류들은 주로 봄에 피고, 돌양지꽃은 6월부터 개화, 물양지꽃은 7월경부터 개화한다고 보면 된다. ▲

아주 작은 꽃이 그래도 꽃이라고 머리를 들이민다. 돌바늘꽃(바늘꽃과 바늘꽃속)이다. 암술머리가 곤봉 모양으로 조금 긴 것은 바늘꽃, 암술머리가 둥그런 두상의 형태를 띠는 것이 돌바늘꽃이다. ◀

** 바늘꽃 종류 중에 멸종될 위기에 처한 분홍바늘꽃(바늘꽃과 분홍바늘꽃속)도 있다. 원예종이나 수목원에 식재된 것이 아닌 선자령 주변 백두대간을 걷다가 우연히 만난 자생의 분홍바늘꽃은 꼭 다시 만나고픈 존재가 되었다.

분홍바늘꽃(바늘꽃과 분홍바늘꽃속)은 강원도 깊고 높은 양지바른 숲에 자생한다.
7~8월에 4장의 홍자색 꽃을 피우고, 전체 높이는 1.5m에 이른다.
상대적으로 발길이 뜸한 백두대간에는 제법 여러 개체가 살아가고 있는데 땅속의 뿌리줄기가 옆으로 길게 뻗으면서 큰 군집을 형성하기 때문에 훼손만 되지 않는다면 자생지는 지켜질 수 있으리라 본다.
언젠가 또 우연히 조우할 날을 기대하게 되는 적색목록 위기종의 분홍바늘꽃이다. ▲

선자령 목초지의 많은 부분은 큰조아재비(벼과 산조아재비속)가 차지하고 있다.
유럽과 아시아, 남아메리카 등에서 들어온 외래식물로 원래 목장에서 건초나 목초로 키워지던 것이 요즘은 야생에도 널리 퍼져 있다.
큰뚝새풀(벼과 뚝새풀속)과도 흡사해 자세히 살펴볼 필요가 있다. ◀

마타리(마타리과 마타리속)다. ▲

마타리는 키가 150㎝까지 자라 금마타리나 돌마타리에 비해 껑충 크다.
마타리는 여간첩 마타하리의 이름이 떠올라 마치 외국 이름 같기도 한데 우리 토종 식물이다. 마타리라는 이름 어원에 대해서는 정확히 전해지는 것은 없다. '크다'는 뜻을 가진 '말'과 '길다'는 뜻을 가진 '다리'가 합쳐져 말다리가 되었다가 마타리로 불리게 되었다는 설도 있다. 줄기가 길고 가느다란 것을 뜻했을 것이다.

** 마타리라는 이름을 가진 마타리속에는 마타리와 돌마타리, 금마타리가 있는데 마타리는 가장 흔하게 접할 수 있고 키도 가장 크다. 돌마타리 자생지가 가장 적지 않나 싶다. 돌마타리는 석회암지대나 강원도 몇몇 자생지들이 관찰되고 있다.

금마타리(마타리과 마타리속)다. 금마타리는 주로 바위가 많은 설악산이나 북한산(도봉산 포함), 지리산, 가야산 그리고 경기 북부의 깊은 산 바위틈에서 자생한다. 돌마타리 잎이 피침형이나 긴 타원형으로 가늘고 깊게 갈라진다면, 금마타리는 아래쪽 근생엽이 다소 둥근 형태로 5~7가닥의 손가락이나 단풍잎 모양으로 갈라진다. ▼

잎이 금마타리에 비해 깊고 가느다랗게 갈라지는 돌마타리(마타리과 마타리속)다. ▼
돌마타리 자생지는 충북 이북, 주로 강원도 석회암 지대에서 만날 수 있다.
돌마타리 자생지로 대표적인 곳은 정상이 바위로 이루어진 석병산이다.

꽃 색만 다를 뿐, 마타리와 꽃도 잎도 비슷하다. 같은 마타리속의 뚝갈(마타리과 마타리속)이다. 뚝갈이라는 독특한 이름은 '뚝뚝하다(바탕이 거세고 단단하다)'라는 강원도나 경기도의 방언에서 유래하였다 한다. 맛이 그다지 좋지 않거나 생긴 모습이 뚝뚝해 그리 지어졌을 거라 추정들을 한다. 가지가 많이 갈라지고 키가 큰 긴뚝갈도 있다. ◀

이 찜통 같은 무더위에 벌써 가을 냄새가 난다. 개미취(국화과 참취속)가 피어나니 가을을 느끼고 있음이다. 까실쑥부쟁이나 쑥부쟁이 종류와 비슷해 보일 수도 있지만 개미취는 꽃도 크고 키가 껑충 2m까지도 자라나 구별된다. 주로 깊은 심산에서 자생한다. ▼

산톱풀(국화과 톱풀속)이다. ◀
산톱풀은 톱풀에 비해 꽃잎처럼 보이는 혀꽃(설상화)이 3㎜ 미만으로 아주 작고, 설상화 개수는 더 많은 게 특징이다. 설상화는 뒤로 젖혀진다.

톱풀(국화과 톱풀속)이다. ▲
산톱풀에 비해 설상화(혀꽃)가 크고 개수는 5~7장 정도로 더 적게 달린다.
톱풀이라는 이름은 잎에 날카로운 톱니가 톱을 닮아 붙여졌다.

포가 짧은 술패랭이꽃(석죽과 패랭이꽃속) 그리고 포가 길어져 꽃받침의 반을 차지하는 구름패랭이꽃(석죽과 패랭이꽃속)이다. ▼

깊은 고산에서 만나는 패랭이꽃속은 반가우면서도 한편으로는 머리도 지끈거리게 된다. '구름'이라는 수식이 붙은 식물들은 하나같이 고산에서 자라는 특징을 가지고 있듯 구름패랭이꽃도 북부의 해발 높은 산지에서 만날 수가 있다. 그러나 술패랭이꽃 역시 고산에서 자라니 무조건 높은 산에서 자란다고 구름패랭이꽃도 아니다. 도감에 술패랭이꽃 포는 2쌍이라면 구름패랭이꽃 포는 3~4쌍이라 되어 있다. 술패랭이꽃 포는 짧다면 구름패랭이꽃의 포는 끝이 길어져 꽃받침의 1/2까지 길어진다는 차이점이 있다.

꿀풀과의 층층이꽃속은 너무 흡사한 데다 그 구별법도 모호해 구별하기 난해한 식물이다.
산층층이, 층층이꽃, 꽃층층이꽃, 두메층층이, 탑꽃, 애기탑꽃 등 이름도 모습도 비슷해 혼동하기가 쉽다.
붉은색의 포가 길고 퍼진 털이 밀생하는 이건 층층이꽃(꿀풀과 층층이꽃속)이다.
포와 꽃받침에 붉은 자색이 강한 편이고 엽질도 두꺼운 편이다. ▲

** 그러나 이런 모습을 꽃층층이꽃이라 부르는 사람들도 많다 층층이꽃 & 꽃층층이꽃에 대해 속 시원히 구별할 사람이 있을지나 모르겠다. 보통은 인터넷의 글을 그대로 답습하는 경우가 많다.
관련 기관 한 전문가님께 문의해 보니 일반적으로 우리나라에서 보이는 종은 층층이꽃이라 하는데 물론 남부지방에서는 꽃층층이꽃에 가까운 중간 형태의 모습이 관찰된다고는 한다.
다른 전문가께도 문의를 해 보니 꽃받침에 긴 털이 있으면 꽃층층이꽃, 없으면 층층이꽃이라 하지만 그분 역시 확신의 답은 아니었다.
관련 연구가들은 그 정확한 동정 포인트가 무엇인지 차이점이 무엇인지에 대해 좀 더 심도 있는 연구과 함께 이름 정리와 결과물을 제시해야 하지 않을까 싶다.

이건 산층층이(꿀풀과 층층이꽃속)다. 꽃은 담홍색이나 흰색으로 핀다. ▲
산층층이는 포가 길고 꽃받침에 퍼진 털과 샘털이 특징이다.
층층이꽃에 비해 산층층이는 꽃받침이나 포 등 전체적으로 녹색을 띠는 편이다.
탑꽃이나 애기탑꽃은 꽃받침 아래의 털이 미미하거나 짧은 수준이고 포는 꽃자루보다 짧고 주로 남부지방에 서식한다.
주로 제주에서 볼 수 있는 두메층층이의 포는 짧고 꽃받침에 긴털과 샘털이 있다.
보통 경기와 강원권에서 만나는 이런 형태는 산층층이가 많다.
육안으로는 쉽게 알아보기 힘들 수 있으니 사진을 찍어 확대하여 비교해 보면 좋겠다.

싱아라고 들어 봤는가.

박완서 님이 말하던 "그 많던 싱아는 누가 다 먹었을까" 하던~ 어렸을 때 한 번쯤 시큼한 맛을 보던 아이… 그 싱아(마디풀과 싱아속)다.

이곳의 싱아는 왜개싱아일 수도 있는데, 왜개싱아의 잎엔 털이 거의 없지만 제대로 확인을 하지 못했다. 여하튼 선자령엔 싱아가 가득하다. ▲

선자령의 시그니처, 제비동자꽃과 애기앉은부채가 피어났다

작은 대나무를 닮은 속새(속새과 속새속)가 가득한 선자령의 습지. 속새는 규소 성분이 많기 때문에 불에 잘 타지 않아 연마제나 연필심, 냄비 받침으로 쓰이기도 했다. 그 속새 밭에 말나리(백합과 백합속) 하나가 평소와는 다른 분위기를 자아낸다. 마치 땅나리를 보는 듯도 하다. ◀

귀한 제비동자꽃만 꽃이던가.
이 안개 자욱한 날, 속새(속새과 속새속)를 뒷배경으로 둔 동자꽃(석죽과 동자꽃속) 아련함 좀 보라. 맑은 날의 동자꽃보다 더한 끌림과 애틋함이 묻어난다. ▼

** 선자령 하면 제비동자꽃(석죽과 동자꽃속)을 빼놓을 수가 없다. 유명세를 타다 보니 남획되고 초토화되는 것을 방지하기 위해 아쉽지만 철망 안에 갇힌 신세가 되었다.

워낙 개체수가 적은 희귀식물이니 이렇게라도 보호를 하고 있을 테지만 내 번들 렌즈로는 당겨 봐도 제대로 담기가 어렵다.

철망 안이 답답해 뛰쳐나갔을 아이를 만나면 다행이고 아니면 뭐 어쩔 수 없는 일이긴 하다. 선자령이 꼭 어느 귀한 이만 보자고 나선 길은 아니잖는가.

다행히 철망 밖에서 제비동자꽃(석죽과 동자꽃속) 하나를 만난다. ▲

춤추는 낙지발이 된 듯, 마녀 손톱에 물들인 매니큐어를 보

는 듯…. 그 진한 홍색 하나가 일대의 많고 많은 꽃들을 모두 압도하고 있다.
제비동자꽃은 환경부 지정 멸종위기 야생생물 2급이자 산림청 국립수목원의 적색목록 위기종으로 지정되어 있다. 주로 강원도 고산습지가 자생지로, 대암산 용늪이나 선자령 일대에서 어렵게 볼 수 있는 귀한 꽃이 되었다.
동자꽃과 닮았지만 5장인 꽃잎이 깊게 갈라져 마치 제비꼬리처럼 보인다 하여 제비동자꽃이란 이름을 얻었다.
내년에도 또 볼 수 있기를, 좀 더 넓게 퍼져 있기를….

여름에 선자령을 찾는 이유 중 하나는 이 애기앉은부채(천남성과 앉은부채속)를 보기 위해서다. ▼
크기도 작은 데다 낙엽들과 뒤엉켜 땅바닥에 바짝 붙어 있으니 일부러 관심을 갖지 않으면 이 길을 수없이 다녀도 보지 못할 수 있다. '아는 만큼 보인다'라는 말을 다시 한번 상기시켜 주는 아이다.

작은 것은 엄지손톱만 한 것부터 위에서 내려다볼 때는 고동이나 작은 골뱅이를 보는 듯, 딱딱한 껍질(불염포)에 소중한 것을 감추고 있는 형상이다.
바짝 몸을 낮추어서야 비로소 그 안의 꽃을 대면하게 된다.

애기앉은부채(천남성과 앉은부채속)는 주로 강원도 이북의 높은 지대에 습하고 그늘진 낙엽수 아래에서 자라고 있다. 물론 드물게 타 지역에서도 애기앉은부채가 발견되고 있는데 강원도 숲의 애기앉은부채가 남도 쪽보다는 훨씬 소담하고 작은 편이다.
마치 도깨비방망이 같은 것이 꽃차례다. 앉은부채가 그러하듯 애기앉은부채는

꽃을 보호해 주는 불염포 속 둥근 타원형의 꽃대에서 돌기처럼 피어나는 육수꽃차례의 형태를 띤다. 수술이 4개, 그 안에 암술이 있는데 암수술이 동시에 나오는 것이 아닌 암술 먼저 그리고 시차를 두고 수술이 성숙한다. 자가수분을 막아 좀 더 나은 자손을 만들기 위해서다.
앉은부채라는 이름에 대해서는 부처님의 광배 모양을 한 불염포가 마치 불염하는 부처님 같다 하여 앉은부처라 불리다가 앉은부채가 되었고, 잎이 부채처럼 넓어 붙여진 이름이라는 설도 있다. 그 앉은부채보다 작아 애기라는 접두사가 붙었다. 앉은부채속에는 애기앉은부채와 한국앉은부채 그리고 산앉은부채가 있는데 우리나라에서 볼 수 있는 앉은부채속에는 애기앉은부채와 한국앉은부채가 유일하다. 산앉은부채는 백두산과 중국에서 볼 수 있다.

** 야생화에 관심이 있는 사람이라면 이른 봄에 꽃이 피는 앉은부채를 떠올릴 것이다.
그동안 봄에 볼 수 있던 앉은부채는 국가표준식물목록에서 사라졌고 그 자리에

한국앉은부채(천남성과 앉은부채속)가 대신하고 있다. 우리나라에 앉은부채는 자생하지 않고, 기존에 앉은부채로 불렸던 한국앉은부채는 '한국'이라는 수식이 붙은 것처럼 우리나라 특산 신종으로 밝혀져 국명과 학명이 모두 변경되었다.

앉은부채였다가 이름이 변경된 한국앉은부채(천남성과 앉은부채속)다. ▼

한국앉은부채는 꽃이 핀 후에 잎이 자란다면, 애기앉은부채는 잎이 진 후에 꽃이 핀다.
한국앉은부채는 이른 봄에, 애기앉은부채는 여름에서 가을까지 꽃이 핀다.
한국앉은부채의 전체적인 크기가 약 40~70㎝라면 앉은부채는 약 10~15㎝로 크기 차이가 있다. 밑동이 보이지 않는 강원도의 애기앉은부채는 실제 3~5㎝도 채 되어 보이지 않는 녀석들이 많다.

관심이 없다면 꽃이라 생각할 수 없기 때문에 애기앉은부채가 자라고 있는 그늘지고 시원한 선자령 계곡엔 자리를 깔고 여름을 즐기는 분들도 볼 수가 있다.
그분들에게 왜 꽃을 깔고 앉았느냐 말하는 것도 우스운 일이다. 그리 따지면 우리가 숲에서 밟는 모든 생명들 역시 그러하니 말이다.
나 역시 애기앉은부채를 알지 못했을 때엔 밟지 않았을 거라 장담하지 못할 테니 말이다.

제비동자꽃은 희귀해서 좋고 애기앉은부채는 독특함이 있어 좋다면 금꿩의다리(미나리아재비과 꿩의다리속)는 기품 넘치는 화려함이 있어 좋다.
처음과 끝을 금꿩의다리와 함께하고 선자령 야생화 탐방을 마친다.

선자령은 식생에서 절대 빠질 수 없는 귀중한 숲으로 여름뿐 아니라 봄의 야생화도 풍부한 곳이다.
드넓은 목초지에 가슴마저 탁 트이는 선자령엔 8월 야생화가 속속들이 들어차고 그 안에 또 다른 보물들을 숨기고 우리들을 맞아 주고 있었다.

제2부

잔잔한 숲길의 속삭임
가벼운 트레킹 속에서 발견하는 귀한 꽃들

풍경과 산행이 어우러진
멸종위기 야생화 탐방

대청도의 절경,
서풍받이와
나이테바위

대청도는 인천광역시 옹진군 대청면에 위치한 섬으로 백령도, 연평도, 소연평도, 소청도와 더불어 서해 5도에 속한다.

인천에서 서북쪽으로 약 211㎞, 백령도 남쪽으로 12㎞ 떨어져 있어 군사 전술 전략적으로도 매우 중요한 서해 최북단의 섬이다.

대청도의 면적은 약 12.7㎢로 백령도(45.8㎢)의 1/4 정도지만 서풍받이, 농여해변, 나이테바위, 옥중동 해안사구, 검은낭 등 백령도 못지않은 지질 명소를 품고 있다.

그 이름이 생겨나게 된 멸종위기 야생생물 2급인 대청부채가 자생하고, 적송 군락지 및 난대성 식물인 동백나무가 군락을 이뤄 자생하는 북쪽 한계선으로 그 가치가 높아 천연기념물에 지정되어 있다.

옥죽동 해안사구는 고비사막을 떠오르게 하는데 사구 한가운데 쌍봉낙타 조형물이 세워져 더욱이나 찾는 이들이 많아졌다.

유네스코 세계지질공원에는 제주도, 청송, 무등산권, 한탄강이 인증 지정되었고, 우리나라에는 환경부장관이 인증한 국가지질공원을 운영하고 있는데 2019년 백령·대청도가 우리나라 11번째로 국가공원지질에 인증되어 운영 중이다.

대청도의 미아동 해변, 광난두 해변, 지두리 해변, 모래울 해변 등도 둘러보면 좋다.

1123년 송나라 서긍이라는 사람이 쓴 《선화봉사고려도경》이라는 견문록에는 '대청서(대청도)는 멀리서 보면 울창한 것이 마치 눈썹을 그리는 검푸른 먹과 같다 하여 고려인들이 이름을 붙인 것이다.'라고 한 것에서 대청도가 푸른 섬이라 불렸음을 추정하게 한다.

조선시대에 대청도를 암도라 부르기도 하였다는데 섬 주변이 모두 암벽으로 둘러쳐져 있기 때문이었다. 전해 오는 유래로는 조선 명종 때, 국모 윤씨가 신병에 걸려 전국 관찰사에 명하여 뽕나무에 맺인 상기향을 구하도록 명하였는데 여기 대청도에서 구해 국모 윤씨가 쾌차하자 암도에 각띠와 왕관자 등을 하사하고 돌만 있는 암도가 아닌 수목이 울창한 큰 섬이라는 뜻으로 대청도라 하였다는 전설도 있다.

"백령도는 먹고 남고, 대청도는 때고 남고, 소청도는 쓰고 남는다."라는 말이 있다고 한다. 백령도는 너른 들이 있어 쌀이 남아돌고, 대청도는 산이 높고 숲이 우거져 땔감이 많고, 소청도는 황금 어장이 있어 돈을 쓰고 남는다는 뜻이다.
섬의 특성상 해안지대가 많아 평지가 주를 이룰 것 같지만 대청도는 삼각산(343m) 줄기와 자그마한 산과 언덕을 오르내리는 업 다운의 형태를 띠고 있고 숲이 울창하다.
보통은 큰맘 먹고 들어가는 지역이다 보니 백령도와 또는 소청도와 묶어서 2박 내지 3박으로 다녀오는 경우도 많다.
어차피 배편이 좋지 않아 당일로는 나오기 힘들기 때문이다.

삼각산 초입에 있는 러브브릿지와 매바위전망대(위),
서해5도 최고봉인 삼각산(343m) 정상과 삼각산 등로(아래). ▲

삼각산 명칭은 천자나 왕이 도읍지에서 사용하는 이름인데 원의 순제가 대청도에 유배 와서 궁궐을 짓고 살았기 때문에 붙여졌다는 설, 그리고 산의 모양이 세 개의 봉우리 형태라 붙여졌다는 이야기도 전해진다.
차를 타고 해변가나 지질공원을 찾아다녀도 좋지만, 산과 해변을 두루 거닐 수 있는 삼서트레킹을 즐기는 사람들도 많다.
시간 여유가 된다면 대청도 일주 코스도 괜찮다.
삼서트레킹이란 삼각산과 서풍받이의 첫 글자를 따서 만든 대청도의 대표적인 트레킹 코스다.
대청도 삼서트레킹은 보통 사탄동고개~매바위전망대~삼각산2봉~삼각산3봉(정상)~광난두정자각~기름항아리~서풍받이~광난두정자각으로 조금 가파른 산길과 해안가 기암절경을 마주하는 루트로 약 7㎞ 거리다. 삼각산 산행은 빼고 서풍받이 위주로 돌아볼 수 있는 1시간~1시간 30분 코스도 괜찮다.

필자는 개인적으로 대청도 농어촌버스를 타고 농여해변으로 가서 나이테바위를 보고 사탄동고개(매바위전망대)까지 걸어 삼서트레킹을 시작했다. 좀 더 폭넓게 보고 싶어서다.

대청도 농여해변 풍경. ▲

대청도의 명물인 농여해변의 나이테바위(고목바위)다. ▼
기존에 수평으로 쌓인 지층이 습곡작용으로 구부러진 후 풍화와 침식이 반복되면서 수직으로 서고 주름이 지고 다양한 색으로 현재에 이르면서 고목나무의 나이테처럼 보이는 바위다.

농여해변의 또 다른 특징은 최대 규모를 자랑하는 풀등이다. 풀등이란 강물에 떠밀려 온 모래가 쌓이고 그 위에 풀이 자라면서 생태계가 생기는 것을 이른다. 물결무늬가 새겨진 풀등을 걷는 묘미가 있는 곳이다.

광난두정자각에서 서풍받이 가는 길의 모래울해변과 지두리 방향의 풍경. ▲

대청도의 최고 볼거리는 서풍받이의 해안절벽이 아닌가 싶다. 100m에 이르는 규암이 수직절벽을 형성하고 있어 아찔하면서도 웅장함을 자아낸다.
서풍받이는 '서풍을 막아 주는 바위'라는 뜻이다. 대청도가 생긴 10억 년 전부터

지금까지 섬으로 불어오는 매서운 바람을 막아 줬다고 한다.
금빛 병풍바위가 햇빛을 받아 사방으로 반사되면 눈이 부실 정도로 아름다운 빛이 난다는 안내문이 있을 만큼 절경을 자랑한다.

전망대가 있는 조각바위 언덕의 전경. ▲

절벽 반대편으로는 또 다른 풍경을 자아내니 드넓은 초원을 연상시키는 언덕이 펼쳐진다. 서풍받이 동쪽 방향은 바람이 적고 볕이 잘 들어 야생화 밭이 형성되었으니 날카로움 대신 온화하고 평화로움마저 깃들게 된다. 이곳이 대청도 최고의 경관이라 하는 '조각바위 언덕'이다.
약 700년 전, 원나라 마지막 황제 순제가 유배를 와서 사색했던 장소 중 으뜸으로 전해 내려오고 있단다.
고려 충혜왕 1년(1330년)에 원나라 순제가 식솔들과 대청도 옥중동에 들어와 약 1년 5개월 동안 귀향살이를 하면서 삼각산과 서풍받이, 소청도의 분바위 등에서 경치를 즐기고 망향의 한을 달랬다고 한다.

멸종위기 대청부채를 찾아서

8월 20일경 대청도에서는 대청부채, 대나물, 장구밥나무, 애기실부추, 금방망이, 순비기나무, 절국대, 메꽃, 둥근잎천남성, 큰천남성, 배풍등, 백령풀, 큰꿩의비름, 당잔대, 갯쑥부쟁이, 참으아리, 이질풀, 조밥나물, 쇠서나물, 꼬리풀, 댕댕이덩굴, 박주가리, 무릇, 버들금불초, 해당화, 큰낭아초, 익모초, 자주조희풀, 골등골나물, 조뱅이, 신감채, 꽃며느리밥풀 등을 볼 수 있다.
대청도에는 다른 계절에 피는 대청지치와 정향풀도 유명하다.

꽃은 약 6㎜로 아주 자그마한 데다 초점이 맞지 않았는지 사진은 흐릿하다.
농여해변에서 만난 백령풀(꼭두서니과 백령풀속)이다. 외래식물(귀화식물)로 주로 인천 근처 섬에 많이 퍼져 있다. ▶

내륙의 들에서도 흔하게 볼 수 있는 메꽃(메꽃과 메꽃속)이다. ▼

메꽃속에는 메꽃, 갯메꽃, 선메꽃, 애기메꽃, 큰메꽃 등이 있다. 얼핏 나팔꽃 종류와 비슷해 나팔꽃속이라 착각할 수도 있다.

주로 바닷가 근처에 자생한다는 것을 증명이라도 하듯 해변에서 꽃도 열매도 모습을 드러낸다. 해당화(장미과 장미속)다.

낙엽활엽관목인 해당화의 당(棠)은 아가위나무 당 자로 산사나무, 팥배나무, 산앵도나무 등 장미과에 속한 나무들을 지칭할 때 쓰이는 글자다. 그러니까 해당화는 바닷가에 사는 장미 같은 꽃이라는 뜻이다.

꽃의 향기가 좋고 아름다워 요즘은 관상용으로 많이들 심고 있다.

주로 고산 산행 중 만나는 인가목 종류나 생열귀나무의 저지대 버전이라 생각하면 되겠다.

꽃은 꽃대로 아름다움이 있지만 해당화 열매 하나에 함유된 비타민C가 상당히 높은 것으로 알려져 있다. 어느 기사를 보면 레몬 17개에 브로콜리 5개를 더하고 무까지 40개를 더한 숫자와 같다 한다. 인천 옹진군의 대청도를 포함한 일대 섬들뿐 아니라 해당화 군락지로 유명한 곳으로는 태안 신두리 해안사구의 해당화는 우리나라 최고의 자생 군락지로 뽑힌다. ▲

농여해변이든 서풍받이 언덕이든 대청도 어느 바닷가라도 가장 많이 만난 대표적인 야생화는 대나물(석죽과 대나물속)이다.
잎이 대나무 잎을 닮았고 줄기에는 마디가 있어 대나무를 떠올리게 하여 대나물이라는 이름을 얻었다. 보통 백색 꽃을 피우지만 이곳의 대나물은 자주색이 많이 섞여 있다. ▲

** 대나물속의 자생식물은 대나물과 가는대나물 2종이 있는데 대나물은 주로 해안지방의 볕이 잘 드는 들가나 산, 바닷가 주변에서 서식하고 있다.
가는대나물은 한국 국가적색목록 위기에 속할 만큼 석회암지대 높은 산에 자생하는 녀석으로 아주 협소한 분포지를 두고 있다.
대표적인 곳은 석병산으로 석병산은 나로여로, 벌깨풀, 두메닥나무, 등대시호, 자병취, 사창분취, 가는대나물, 개회향, 솔체꽃, 백리향, 돌마타리, 큰제비고깔, 만리화, 낭독, 시호 등등 평소 접하기 어려운 야생화를 만날 수 있는 최고의 희귀식물 집합체라 하여도 과언이 아니다.
무엇 하나 허투루 볼 수 없을 만큼 석병산 석회암지대에서 피어나는 야생화는 평소 산행을 많이 다녀도 만나기 어려운 귀한 존재들이 많다.
석병산에 대해서는 전작인 《그 산에 그 꽃이 핀다》에 진면모가 담겼다.
보통 대나물을 검색하면 분홍색 꽃이 피는 끈끈이대나물(석죽과 장구채속)이 많이 뜨는데 그만큼 일반인에게 대나물이나 가는대나물보다는 끈끈이대나물이 친숙하고 쉽게 접할 수 있는 식물이라는 반증일 것이다.
끈끈이대나물(석죽과 장구채속)은 자생식물이 아닌 유럽에서 들어온 재배식물로 민가나 공원의 조경수로 많이 볼 수가 있어 사람들에게는 대나물이라는 이름을 들으면 끈끈이대나물이 더 익숙할지도 모르겠다.

이것이 가정집이나 공원 등에 식재하는 귀화식물 끈끈이대나물(석죽과 장구채속)이다. 이름에 대나물이 붙었지만 대나물이나 가는대나물처럼 대나물속이 아닌 장구채속이다. ▶

아직은 뜨거운 햇살이지만 바위 틈틈이 그리고 바닷가 양지바른 풀숲에 핀 갯쑥부쟁이(국화과 참취속)가 가을 향기를 물씬 풍기고 있다. ▼

내륙에서는 보기 힘든 순비기나무(마편초과 순비기나무속)다. ▲
순비기나무 꽃은 향이 좀 독특해서 호불호가 확실히 갈리는 편이다. 열매는 말려서 향수나 방향제로 쓸 만큼 다재다능하고 매력적인 나무다. 짠물을 뒤집어쓰고 모래밭에 뿌리를 둔 바닷가라는 환경에서 자라난 강인함이 있어 그런지도 모른다. 순비기라는 이름은 제주 방언 '숨비'라는 말에서 유래가 되었다. 숨비는 해녀들이 숨을 비우고 바다에 들어간다는 뜻인데 해녀들의 잠수병을 잘 다스려 준다 하여 숨비기나무에서 순비기나무가 되었다 한다.

큰낭아초(콩과 땅비싸리속)다. ▶
해안지대 주로 제주나 남해안에 포복하듯 낮게 자라는 게 낭아초, 보통 내륙에서 키가 크게 자라는 게 큰낭아초다.
해안가라는 기준으로 보면 낭아초지만 이 개체는 줄기를 길게 뻗은 내륙형 큰낭아초다.

해안지역에서 낮게 자라는 낭아초(콩과 땅비싸리속)다. ▶

큰낭아초가 재배식물로 분류가 된다면 낭아초는 자생식물이다.

얼핏 낭아초라는 이름이 귀엽고 사랑스럽게도 느껴지는데 한자를 풀어 보면 이리 랑(狼), 어금니 아(牙) 자를 써서 마치 꽃대가 이리(늑대)의 송곳니 같다 하여 붙여졌다.

이름 끝에 초(풀)가 붙으니 초본으로 생각하기도 하지만, 낭아초는 낙엽활엽 반관목으로 목본(나무)이다.

배풍등(가지과 가지속)이다. ▲

풍을 물리치는 효능을 가졌다 해서 이름 붙여진 덩굴성 식물이다.

배풍등에는 좁은잎배풍등, 왕배풍등도 있다.

얼핏 같은 가지속의 까마중 꽃과도 닮았는데 까마중은 검은 열매를 맺는다면 배풍등은 붉은 열매를 맺는다. 배풍등은 자생식물이라면 까마중은 외래식물(귀화식물)이다.

까만 열매를 맺는 까마중(가지과 가지속)이다. 까마중은 외래식물로 서울이나 중부 남부 할 것 없이 길가나 야산 어디에서든 쉽게 눈에 띈다. ▲

개털이슬, 쇠털이슬, 쥐털이슬, 털이슬, 말털이슬, 붉은털이슬, 나도털이슬 등 털이슬속은 의외로 복잡하다.

그중에 꽃받침은 연녹색에 꽃은 백색인 쇠털이슬(바늘꽃과 털이슬속)이다. 쇠털이슬은 털이슬속 중에서 잎자루가 가장 긴 편이고 잎은 난상 심장형이거나 달걀모양이고 끝이 좁아져 급하게 뾰족해진다. 털이슬은 꽃은 백색으로 비슷하나 쇠털이슬보다 잎자루(엽병)가 짧고 털이 많지 않다. 잎도 좁은 달걀모양이다. ▲

비교를 위해 타 산지에서 담은 말털이슬과 개털이슬도 싣는다.
잎은 달걀형 또는 난상의 긴 타원형이고 잎자루는 길고 꽃색은 홍백색, 꽃받침은 홍자색인 말털이슬(바늘꽃과 털이슬속)이다(경북 영덕 봉화산 소재). ▲

잎은 삼각상 심장형이나 난형, 얕은 심장저로 잎끝이 뾰족하고 약간의 톱니가 있는 개털이슬(바늘꽃과 털이슬속)이다. 미세하지만 줄기와 잎에도 털이 관찰된다. 개털이슬은 쥐털이슬과 흡사하다.

이렇게까지 나눌 필요가 있을까 싶지만 어쨌든 줄기에 털이 없으면 쥐털이슬, 잎에도 털이 있고 줄기에 짧고 굽은 털이 있으면 개털이슬로 구별한다.

쥐털이슬 꽃은 밀집해 피는 편이라면 개털이슬 꽃은 엉성하게 벌어져 피는 편이다(백두대간 설악산권 소재). ▲

내륙의 산지에서 만나는 산꼬리풀, 긴산꼬리풀, 큰산꼬리풀, 넓은잎꼬리풀 등에 비하면 잎도 가늘고 전체적으로도 아담하다. 꼬리풀(현삼과 꼬리풀속)이다. ▶

잎은 피침상 선형이거나 거꿀피침모양이고 주로 잎끝 상반부에만 톱니가 있는 편이다.

털꼬리풀일 수도 있지만 털의 밀생 유무가 확실치 않고 잎의 길이가 털꼬리풀보다 길어 애매한 부분들이 있어 털꼬리풀과는 구별하지 않았다.
털꼬리풀은 제주나 남해안처럼 주로 바닷가에서 자생한다.

쇠서나물(국화과 쇠서나물속)이다. 줄기나 잎에 거친 털이 많아 마치 소의 혓바닥처럼 생겼다 하여 쇠혀나물에서 쇠서나물이 되었다. ◀

조밥나물(국화과 조밥나물속)이다. 잎 가장자리에 드문드문 돌기가 있고 잎은 톱니가 있거나 밋밋하다. 쇠서나물이나 조밥나물 모두 민들레처럼 노란색 꽃을 피운다.
없던 시절에 지어진 이름으로 노랗게 핀 꽃이 마치 조로 지은 밥을 연상시킨다 하여 붙여졌다. 예전엔 조밥을 많이 먹기는 했나 보다. 조팝나무(장미과 조팝나무속)도 그런 의미로 지어진 이름이다. ▲

'물옷'에서 왔다는 것을 증명이라도 하듯 바닷가 주변과 서풍받이 바위 절벽에 많이 피어났다. 무릇(백합과 무릇속)이다.

무릇은 '물옷'에서 변한 말로 물 위, 물기가 있는 땅에서 자란다는 뜻이다. ▲

내륙의 으아리보다 꽃도 큼지막하고, 잎도 두터운 참으아리(미나리아재비과 으아리속)다. ◀ 참으아리는 바닷가 근처에 자생하고 으아리 종류 중에 개화를 7~9월쯤 가장 늦게 하는 편이다. 으아리는 이르게는 5월부터 피기 시작해 9월 초까지도 꽃을 볼 수가 있다.

내륙에서 보던 신감채(산형과 묏미나리속)를 보는 것도 새삼 신선한 일이다. 신감채는 잎 가장자리에 큰 톱니가 깊게 파여 구별이 된다. 신감채는 어린잎을 나물로 먹으면 맵고 단맛이 난다는데 그 특성을 그대로 이용허 이름을 지었다. 맵고 단맛이 나는 나물이라는 뜻이다. ▲

** 보통 내륙 산행 때 신감채와 묏미나리를 혼동하는 사람들이 많은데 같은 묏미나리속이고 꽃도 비슷하기 때문이다. 한번 제대로 알아 두면 구별하기 어렵지 않다.

이것이 묏미나리(산형과 묏미나리속)다. 산에 자라는 미나리라는 뜻이다. ▲
묏미나리는 잎 가장자리에 가는 톱니가 균일하게 있고 잎이 다소 두꺼워 보이는 반면, 신감채 잎의 가장자리 톱니는 일정하지 않고 갈라짐도 큰 편이다.

오랜만에 반가운 아이를 만난다. 주로 해안지역 낮은 산기슭에 자라는 장구밥나무(피나무과 장구밥나무속)다.
두 개가 붙은 열매 모양이 장구를 닮았다 하여 붙여진 이름으로 열매는 노란색 또는 황적색으로 익는다. 내한성, 내조성(바닷바람에 견디는 성질), 대기오염에도 강해 조경수나 울타리로 조성하기도 한다. 붉은 열매는 11월 중순에 담은 것이다. ▲

보기 어렵던 애기실부추(백합과 부추속)를 대청도에서 만난다. ▶
전체적으로 다른 부추속보다 왜소하고 작은 느낌이다.
애기실부추는 우리나라에는 자생하지 않고 러시아, 몽골, 중국에서 서식하는 것으로 알려졌었다. 그러다 2009년 국립수목원의 서식지

확인 발표로 대청도에서도 자생이 확인되었고 백령도와 대청도를 따라 서해로 그리고 제주까지 서식지를 두고 있다.

저지대 습지에 많이 자라는 골등골나물(국화과 등골나물속)이다. 골등골나물은 잎자루가 없고 잎에 3맥이 뚜렷한 특징이 있다. 이제 피고 있는 중이다. ▲

조각바위 언덕에 서면 광난두해변과 기름아가리 방향으로 가득 피어난 금방망이(국화과 금방망이속)가 장관이다. 금방망이는 제주와 서해 일부 섬에서 서식하다 보니 일반 내륙의 야생화 탐사에서는 거의 볼 수 없던 녀석이라 원 없이 대면하게 된다. 특히나 서풍받이 일대에서는 화원을 이룬 듯 자연과의 어우러짐이 아름다운 경관을 연출한다.

크기는 100㎝까지도 자라고, 잎 가장자리에는 거친 느낌을 주는 불규칙한 톱니가 있다. 2022년 적색목록 준위협에 평가되어 있다. ◀

금불초(국화과 금불초속) 중에서 꽃 아래 총포편이 작은 잎처럼 크게 발달하는 버들금불초(국화과 금불초속)다. 다른 금불초에 비해 꽃잎(설상화)이 가늘고 어수선한 편이다.

잎이 버드나무 잎 같아 버들이라는 수식이 붙었고, 노란색 꽃이 마치 금색을 입힌 불상처럼 보여 금불초라는 이름이 생겼다. 또는 황금이 불처럼 끓어오르는 것 같아 금불초라는 설도 있다. 버들금불초는 희귀식물목록에는 취약종, 적색목록에는 약관심에 평가되어 있다. ▲

당잔대(초롱꽃과 잔대속)다. ▼
대청도에 다녀와 가장 고민을 많이 하고, 논문이나 도감 식물지 등을 모조리 뒤져 봐야 했다.
잔대는 복잡하고 이름 붙여 주기 까다로운 아이들이 많다.
잎이 어긋나기 하는 이런 형태에는 당잔대(초롱꽃과 잔대속)와 수원잔대(초롱꽃과 잔대속)가 있는데 수원잔대의 잎이 더 선형이고 가는 것으로 알려져 있다.

잎만으로 보자면 당잔대에 가깝다. 그러나 잎은 환경에 따라 얼마든지 변이가 많기 때문에 단순히 잎이 더 넓고 가늘고 차이만으로 단정 짓기는 어렵다.

수원잔대는 잎에 털이 없고 암술 끝이 화관 밖으로 돌출하는 반면, 당잔대는 잎과 꽃받침통(악통)에도 털이 있는 게 특징이다.

보통 서풍받이 이 언덕의 잔대를 당잔대라 하는데 주두는 대부분 꽃 밖으로 튀어나오지 않았지만 간혹 나온 아이들도 있고, 털은 있는 것도 없는 것도 있어 수원잔대의 특징도 섞여 있다.

대청부채

대청도에 온 가장 궁극적인 이유, 바로 이 대청부채(붓꽃과 붓꽃속)를 보기 위해서다. 키는 약 70㎝ 정도에 꽃은 연한 청보라(분홍색을 띤 보랏빛)에 흰색 무늬가 들어가 있고, 잎은 부채처럼 퍼지고 납작한 칼 모양을 하고 있다.

대청도에서 처음 발견되어 대청부채라 이름 지어졌고, 대청도와 백령도 등 몇 손가락 안에 자생지를 둔 희귀한 여러해살이풀이다.
환경부의 멸종위기 야생생물 2급이자 산림청 적색목록 위기종으로 지정되어 있다. 꽃은 가운데 세 가닥으로 갈라진 것이 암술의 암술대, 그 암술대에 수술 꽃밥이 3개 있다. 그 바깥으로 둥근 형태의 내화피, 맨 바깥에 끝이 뾰족한 외화피로 구성된다.

특이한 것은 꽃 피는 시간이 다른 꽃들과는 차이를 보인다는 점이다.
대청부채는 보통 오후 3~4시에 꽃을 피우고 밤 10시쯤에 오므라든다.
대청도에서 만난 대청부채는 3시 30분이 지나 조금씩 꽃잎을 열었고, 4시 이후가 되어서야 꽃잎을 활짝 터트렸다.

꽃봉오리 상태인 3시부터 그 기다림의 시간은 마치 거대 다큐멘터리 제작자가 된 듯 변해 가는 찰나를 기대와 설렘으로 채우고 있었다.
멸종위기 대청부채를 만나는 것은 덤이 될 수 있고, 서풍받이와 농여해변, 모래울해변, 옥중동 모래사막 등 볼거리 풍부하고 경관 수려한 대청도였다.

풍경과 산행이 어우러진
멸종위기
야생화
탐방

내장산
국립공원
입암산의 봄

1971년 우리나라 8번째로 국립공원에 지정된 내장산국립공원은 전북 정읍과 순창, 전남 장성에 걸쳐 있고 내장산과 백암산, 입암산 일대를 포함하고 있다.

입암산은 전북 정읍시 입암면과 전남 장성군 북하면에 경계를 두고 있고 내장산국립공원의 서쪽에 자리한다. 단풍으로 유명한 내장산과 백암산에 비해 상대적으로 덜 알려졌지만 갓바위와 아기자기 기암들, 입암산성, 크고 작은 폭포와 소가 길게 이어지고 울창한 숲은 물론 변산반도와 호남평야, 무등산 등을 살펴볼 수 있을 만큼 조망도 뛰어나다.

우리나라에서 단풍으로 가장 유명한 내장산과 백암산의 유명세에 가려 있지만 알음알음 입암산의 가을 단풍을 찾는 이들도 늘어나고 있다.

입암산과 갓바위라는 이름은 정상의 바위가 갓을 쓴 사람의 형상을 하고 있어 입암이라 칭하게 되었고 능선에는 조선 효종 때 개축한 입암산성도 자리하고 있다. 산의 많은 부분이 산성으로 둘러싸여 있고, 일대에는 옛사람들이 살던 흔적들이 남아 있다.

탐방로 좌우로는 내륙습지가 형성되어 있어 새로운 분위기를 자아내고 특별보호구역으로 지정되어 있다.

입암산 갓바위(641m). ▼

입암산 등산 코스는 남창탐방지원센터~새재갈림길~은선동삼거리~은선동계곡~입암산 갓바위~입암산성 북문~남문~은선동삼거리~남창탐방지원센터 또는 반대로 원점회귀하면 된다.

약 10~11㎞의 순환 코스로 전체적으로 경사가 완만한 편이라서 초보자도 걸을 수 있는 무난한 탐방로다. 삼나무가 울창해 보는 것만으로도 힐링이 되는 길이다.

물론 돌계단이 많아 주의를 기울일 필요는 있다.

산을 좋아하는 사람들은 백암산과 또는 내장산까지 길게 연계 산행을 하기도 한다. 백암산과 연계하려면 옛 선조들이 장을 보러 넘나들었고, 한양에 과거를 보러 가기 위해 정읍으로 넘어갈 때 지름길로 이용했던 장성새재를 통하면 된다.

서울에서 입암산을 가는 가장 빠른 방법은 용산역이나 서울역에서 익산까지 KTX를 타고 익산에서 백양사역으로 환승, 백양사역에서 남창 가는 버스를 타거나 택시를 이용하는 것이다. 남창계곡까지 택시비는 12,000~13,000원 정도로 10분이면 닿을 수 있는 거리다(2024년 하반기 기준).

입암산 거북바위. ▼

들머리에서 맑은 계곡을 2.9㎞쯤 올라서면 입암산성(사적 384호) 남문에 이른다. 입암산성 남문이 있는 이 계곡은 영산강의 제1지류인 황룡강의 발원지이기도 하다. 옐로 시티 장성군의 원천이라는 내용이 황금색 용 그림과 함께 안내문도 세워져 있다.

입암산성은 해발 600m 내외에 형성된 포곡식 산성(계곡을 감싸고 산 능선을 따라 쌓는 성)으로 처음 쌓은 시기는 정확히 알 수 없으나 삼한시대에 축조된 것이라 추정되고, 최초 기록은 《고려사》에 등장한다.

고종 43년(1256년) 몽고군이 전라도 지역을 침입하자 송군비 장군이 입암산성에서 승전했고, 조선 시대에는 잦은 왜구의 침입 탓에 입암산성의 위치, 규모, 시설물, 수축 과정, 형태 등에 관한 많은 기록이 남아 있다.

정유재란 때는 윤진 장군이 입암산성에서 일본군과 싸우다 순절했고, 동학농민운동 당시 전봉준이 우금치전투와 태인전투 패배 후에 피신 왔던 곳이기도 하다.

입암산성 내에는 마을이 형성된 것으로 추정되는 성내마을 터에 건물지와 석축, 해자(저수보) 등도 확인되었다. 1798년 호구총수 조사표에도 성내리라는 마을 이름이 있는 것으로 보아 그 이전부터 마을이 형성되었다 추정되고 있다.

이 길은 선조들이 일군 호국의 성지 입암산성을 따라 자연을 만끽할 수 있는 코스로 정상부 능선에 습지가 자리하는 것도 큰 매력으로 다가온다.

개구리발톱도 왕괴불나무도 깨어났다

4월 중순 입암산에서는 노랑붓꽃, 각시붓꽃, 왕괴불나무, 개구리발톱, 자주괴불주머니, 산괴불주머니, 들현호색, 족도리풀, 살갈퀴, 금창초, 긴병꽃풀, 참꽃마리, 이스라지, 콩배나무, 윤판나물, 큰천남성, 애기나리, 으름덩굴, 고추나무, 덜꿩나무, 좀씀바귀, 나래완두, 개별꽃, 큰구슬붕이, 말냉이, 점나도나물, 쇠별꽃, 산자고, 점현호색, 미나리냉이, 싸리냉이, 광대나물, 자주광대나물, 애기똥풀, 피나물, 흰털괭이눈, 제비꽃, 졸방제비꽃, 콩제비꽃, 긴잎제비꽃, 흰젖제비꽃, 고깔제비꽃, 수리딸기, 회잎나무, 뽀리뱅이, 큰개불알풀, 뱀딸기, 양지꽃, 귀룽나무 등을 볼 수 있다.

계곡에 들어서면서부터 가장 많이 보이는 것은 자주괴불주머니(현호색과 현호색속)다. 4월 중순이 넘어서자 열매 맺은 모습들도 많이 볼 수가 있다. ▲

소엽은 3출엽과 비슷하지만 우상(새의 깃 같은 모양)으로 갈라지고 열편(찢어진 낱낱의 조각)은 쐐기 모양으로 결각이 있다.

괴불주머니라는 이름은 옛날 어린아이들 주머니 끈 끝에 매단 세모 모양의 조그만 노리개 주머니를 말한다. 꽃 모양이 그 노리개를 닮았다 하여 붙여진 이름이다. 괴불주머니인데 자주색 꽃을 피워 자주괴불주머니가 되었다.

괴불주머니 종류 중에 특히 노란색 꽃을 피우는 괴불주머니는 구별이 까다로운 아이들도 많다.

현호색속은 크게 괴불주머니 종류와 현호색 종류로 나뉜다.

얼핏 자주괴불주머니(현호색과 현호색속)라 착각할 수도 있다. ▲

자주 눈에 띄지 않는 들현호색(현호색과 현호색속)이다. 들현호색 잎은 거꿀달걀모양 타원형이고 잎에는 자주색 줄무늬가 있다가 점차 사라진다.

들현호색은 들이라는 접두사에 맞게 주로 저지대 들이나 산기슭에서 만날 수 있다. 현호색은 종류도 다양하다. 현호색, 각시현호색, 남도현호색, 쇠뿔현호색, 날개현호색, 털현호색, 봉화현호색, 좀현호색, 줄현호색, 들현호색 등등….

꽃잎도 잎도 다른 현호색보다 큼지막한 점현호색(현호색과 현호색속)이다. 잎에 백색 반점이 있어 붙여진 이름이지만 미약하거나 점이 없는 경우도 있다. ◀

봄이면 흔히 볼 수 있는 산괴불주머니(현호색과 현호색속)다. ▲
산괴불주머니 순판은 넓고 편평하고 암술주두가 일자형에 가깝다면 괴불주머니 순판(입술 모양으로 된 꽃부리)은 약간 말려 있고 암술머리 주두는 U자형에 가깝다. 아무 수식이 붙지 않는 괴불주머니는 산괴불주머니나 염주괴불주머니와 비슷하지만 꽃 색이 연하다고 알려져 있다. 꽃 색이 연하다는 이유만으로 산괴불주머니나 염주괴불주머니를 괴불주머니라 잘못 부르는 경우들도 있고, 제대로 괴불주머니의 실체를 볼 수가 없으니 남한에는 자생하지 않는다는 견해들도 많다.
우측의 연한 노란색은 잎 모양이나 꽃 색, 약간 말리는 입술판 등으로 괴불주머니로 볼 수도 있지만 순판(입술판)이 넓고 편평한 모습도 있어 산괴불주머니의 특징도 가지고 있다. 관련 전문가에게도 사진을 보내 봤지만 그분 역시 괴불주머니에 대한 확신이 없었고 순판이 산괴불주머니에 가깝게 보인다는 개인적 의견만을 주셨다.

** 봄과 여름 사이에 피는 산괴불나무와 염주괴불주머니는 흡사해 헷갈릴 수 있다. 산괴불주머니는 꽃 순판(입술판)이 넓게 발달하는 편이고, 비슷한 염주괴불주머니는 입술 부분이 작고 꽃부리가 녹색이 도는 편이다.
염주괴불주머니는 암술머리가 V자형, 산괴불주머니는 일자형에 가깝지만 암술머리(주두) 모양은 매크로렌즈가 아닌 육안으로는 확인이 힘들다.
산괴불주머니는 전국에, 염주괴불주머니는 중부 이남, 주로 해안가나 바닷가 근처 남부지방에 서식한다.

경남 바닷가 주변 산지에서 담았던 염주괴불주머니(현호색과 현호색속)다. ▲
꽃 입술 부분이 발달하지 않아 작고 녹색 빛이 감돈다. 줄기나 잎을 잘라 보면 조금 불쾌한 독특한 향이 퍼진다.
열매가 염주처럼 생겨 붙여진 이름이지만 산괴불주머니 열매도 흡사하다.

염주괴불주머니 열매는 1배열 종자로 표면 전체에 돌기가 있다면, 산괴불주머니는 1배열 종자는 같지만 가장자리에만 돌기가 있어 더 고른 편이다.

봄에는 비슷한 괴불주머니, 산괴불주머니, 염주괴불주머니, 갯괴불주머니가 핀다면 여름엔 선괴불주머니와 가는괴불주머니가 비슷해 혼동을 준다.

여름에 피는 선괴불주머니와 가는괴불주머니에 대한 얘기는 남한산성 편에 실었다.

좀씀바귀(국화과 벌씀바귀속)다. ▲

'좀~'이라는 이름이 좀스럽다기보다는 오히려 귀엽고 앙증맞게 느껴지는 아이다. 잎은 동글동글하거나 약간의 타원형의 형태를 지니고, 잎이나 전체적인 크기도 다른 씀바귀에 비해 작아 붙여진 이름이다.

잎이 3장씩인 뱀딸기(장미과 뱀딸기속)가 꽃을 피웠다. ▼

산뱀딸기(장미과 뱀딸기속)는 꽃받침 아래 또 다른 부꽃받침이 위에서 볼 때 거의 보이지 않는 특징이 있다.

그에 반해 뱀딸기는 꽃

받침 아래 부꽃받침이 커서 위 사진처럼 잘 보이는 편이다.
뱀딸기는 양지꽃이나 가락지나물과도 많이 흡사해 착각하기 쉽다.
양지꽃은 잎이 3-2-2식으로 줄줄이 달리고 꽃이 무리지어 피는 취산꽃차례라면 뱀딸기는 잎이 3장씩 그리고 잎겨드랑이에서 꽃대가 나와 그 끝에 한 송이씩 핀다. 일단 뱀딸기는 꽃받침이 길다는 것을 기억하면 좋겠다.

이것이 기본형인 양지꽃(장미과 양지꽃속)이다. ▶

위쪽에 3장 그 아래로 내려올수록 점점 작아지는 잎들이 홀수 깃꼴 모양으로 달린다(잎은 총 5~7장이고 11장까지도 달린다).

양지꽃도 민눈양지꽃, 눈양지꽃, 물양지꽃, 돌양지꽃, 솜양지꽃, 제주양지꽃, 세잎양지꽃, 털양지꽃,

당양지꽃, 나도양지꽃, 너도양지꽃 등 종류도 많아 구분해야겠지만 일단 이 시기에 피는 아무 수식 붙지 않은 기본종 양지꽃이라도 기억하면 좋겠다.

잎이 3장씩인 세잎양지꽃(장미과 양지꽃속)이다. 세잎양지꽃과 흡사하게 잎이 3장씩이면서 잎자루와 잎 뒷면에 털이 많은 털양지꽃도 있다. 털양지꽃은 세잎양지꽃과 달리 줄기가 길게 뻗는 특징도 가지고 있다.

잎이 3장이라 뱀딸기와 혼동할 수 있는데, 위에서 말했듯이 뱀딸기의 꽃받침은 꽃보다 크지만 세잎양지꽃의 꽃받침은 꽃보다 작아 구별이 된다. ▲

가락지나물(장미과 양지꽃속)은 잎이 손가락처럼 다섯 장으로 갈라져 붙여진 이름이다. ▶

잎겨드랑이 사이에 한 개씩 꽃이 피는 참꽃마리(지치과 꽃마리속)다. ▼
반면 덩굴꽃마리는 덩굴처럼 뻗어 전체에 털이 많고, 잎 사이가 아닌 줄기 끝으로 꽃차례가 뭉쳐서 형성된다.

남부지방에서는 흔하게 만나게 되는 금창초(꿀풀과 조개나물속)다.
금창초라는 이름은 칼이나 낫 등 쇠붙이로 난 상처, 금창 치료에 좋다 하여 붙여졌다.
바닥에 포복하듯 작은 키에 방석처럼 둥그런 형태로 넓게 퍼진다. 분홍색 꽃이 피는 금창초가 내장산 일대에서 발견되었다 하여 내장금창초(내장금란초)라 하였지만 금창초로 통합이 되었기 때문에 내장금창초가 아닌 둘 다 금창초로 부르면 된다.
여전히 인터넷에는 분홍색 꽃이 피는 금창초를 내장금창초라 부르는 사람이 많다. 하나의 뿌리줄기에서 보라색과 분홍색이 같이 올라오기도 하니 통합된 것이 맞다고 본다. ▲

긴병꽃풀(꿀풀과 긴병꽃풀속)이다. ▲
긴병꽃풀은 꽃부리가 길어 긴 병을 연상시킨다 하여 붙여진 이름이다.
예부터 돈보다 귀한 약재라 하여 금전초라고도 불린다. 금전초라는 약재를 구하기 어려워 긴병꽃풀을 대신 사용하게 되었는데 효능이 좋아 금전초로 불리게 되었다고도 하고, 잎이 동전처럼 둥그스름 달걀모양이라 금전초로 불렀다는 설도 있다.

붉은 수술이 아름다운 콩배나무(장미과 배나무속)다. ▼
열매가 콩알처럼 작다고 해서 붙여진 이름으로 꽃도 다른 배나무 종류에 비해 자그마해 귀여운 아이다. 주로 중부 이남 600m 이하 양지바

른 숲에서 자라는데 어려운 배나무속 중에서 수술 꽃밥이 유독 붉은색을 띠어 구별이 된다.

나비나물속의 식물은 구별하기 어려운 것이 많다. 그중에 나래완두(콩과 나비나물속)와 연리갈퀴(콩과 나비나물속)를 혼동해 같은 개체를 보고도 다른 이름으로 부르는 사람들도 많다. 모습이 거의 흡사해서다.
나래완두 꽃색은 자주색, 연리갈퀴는 보라색(진분홍색)으로 되어 있지만 비슷한 데다 꽃색은 얼마든지 변이가 있어 구별 포인트가 되지 못한다.
가장 중요한 것은 꽃받침의 털이다.
나래완두는 꽃받침의 털이 많고 턱잎(탁엽)이 피침형이고 꽃차례는 짧다. 잎은 3~5쌍으로 연리갈퀴보다 넓고, 주로 남부지방에서 자생한다.
연리갈퀴는 꽃받침의 털이 적고 턱잎이 난형에 가깝고 꽃차례는 길다.
잎은 2~6쌍으로 이루어진 깃꼴겹잎이고 전국적으로 서식한다.
남부지방에 있으니 위 모습을 나래완두라 생각할 수도 있지만, 꽃받침에 털이 거의 없고 잎이 나래완두보다도 가느다란 연리갈퀴라 해야 맞다. ▲

이것이 남부지방 일부에서 자라는 나래완두(콩과 나비나물속)다. 지역이나 때를 맞추지 않으면 쉬 접하기는 어려운 꽃이다. 꽃받침에 털이 밀생하는 것이 연리갈퀴와의 가장 큰 차이점이고 잎도 연리갈퀴보다 더 넓은 편이다. 5월, 지리산 서북능선 일대에서 담은 것이다. ◀

어렵고 복잡한 제비꽃. 그중에 기본형인 제비꽃(제비꽃과 제비꽃속)이다. ▼
제비꽃은 잎보다 꽃줄기가 더 길고, 전초에 털이 없이 매끈한 편이라면 비슷한 호제비꽃은 잎과 꽃줄기 크기가 비슷하고, 전초에 짧은 털이 밀생한다.
제비꽃은 잎자루에 얕은 날개가 있다면 호제비꽃은 없고, 옆 꽃잎에 털이 있으면 제비꽃, 털이 없으면 호제비꽃으로 구별하기도 한다.

골치 아픈 제비꽃은 그냥 외면하고 지나치는 경우도 많지만 이곳에 오면서 가장 기대했던 꽃 중의 하나가 이 긴잎제비꽃(제비꽃과 제비꽃속)이다.

긴잎제비꽃은 전남이나 경남, 제주 등 남부지방에 자생해 일부러 걸음 해야 만날 수가 있다. 잎은 심원형(심장형)이고, 진한 자주색의 잎맥이 특징이다.

잎이 그리 길지 않은데 왜 긴잎이라는 접두사가 들어갔을까. 잎은 꽃이 지면서 길어지는 특징이 있어 붙여진 이름이다. ▶

잎이 안쪽으로 고깔처럼 말려 고깔제비꽃(제비꽃과 제비꽃속)이다. ▶

고깔제비꽃은 연한 홍자색(분홍색)을 띠는데 드물게 흰색으로 피는 고깔제비꽃도 있다. 국가표준식물목록에 따로 흰고깔제비꽃이라 분류해 놓지 않았기 때문에

둘 다 고깔제비꽃이라 부르면 된다. 흰색의 고깔제비꽃은 잎이 말리는 금강제비꽃이나 애기금강제비꽃을 연상시키기도 하지만 금강제비꽃과 애기금강제비꽃은 주로 강원도에 자생하고 있다.

가늘게 잎의 갈라짐이 있는 남산제비꽃(제비꽃과 제비꽃속)이다. ▼

잎의 갈라짐이 비슷한 단풍제비꽃도 있다.
단풍제비꽃은 남산제비꽃과 태백제비꽃의 교잡종으로 알려져 있는데, 학명엔 태백제비꽃의 변종으로 되어 있다. 무엇이 되었든 복잡한 제비꽃속이다.

흰젖제비꽃(제비꽃과 제비꽃속)과 콩제비꽃(제비꽃과 제비꽃속). ▲

솜나물(국화과 솜나물속)과 산자고(백합과 산자고속). ▲

봄의 숲을 화려하게 채웠던 얼레지(백합과 얼레지속). 꽃은 다 지고 딱 한 송이만이 남았고, 이젠 열매로 변한 얼레지들이 주를 이룬다. ▲

오랜만에 만나는 개구리발톱(미나리아재비과 개구리발톱속)이다. 오랜만에 본다기보다는 너무 작아 허리 숙이고 무릎 꿇어 담기가 번거로워 외면했을 것이다. 잎이 개구리 발톱을 닮았다 하여 붙여진 이름이다.
개구리의 발톱이라기보다는 물갈퀴를 닮았다. 어쨌든 이름도 재미난 개구리발톱은 남부지방에 자생한다. ▲

남부지방 특히 전라도와 제주에서 볼 수 있는 수리딸기(장미과 산딸기속)다. 줄기며 꽃자루, 잎자루 등 전체에 가시가 있다. 그래서 메마른 겨울철에도 남도 산행을 하다 보면 수리딸기 가시덤불이 성가시게 느껴지기도 한다. ▲

보통 둥근 형태의 산딸기속과 달리 수리딸기 열매는 끝이 뾰족한 형태를 취한다. ▲

중부 이남 일부 지역에서 드물게 볼 수 있는 왕괴불나무(인동과 인동속)다. ▲
왕괴불나무는 잎과 열매 등이 커서 왕이라는 접두사가 붙었다.
2개씩의 흰색 꽃이 아래를 향해 피고 꽃은 점차 연한 노란색으로 변한다.
꽃은 같은 인동속에 속해 있는 길마가지나무와 많이 닮아 있어 인터넷상에 바뀌어 잘못 떠돌기도 한다.
길마가지나무는 왕괴불나무처럼 꽃자루가 길지 않고, 잎보다 꽃이 먼저 피기 때문에 꽃이 필 때 잎이 이렇게 크지 않은 상태다.

** 말 많고 탈 많았던 길마가지나무와 숫명다래나무에 대해서는 더 이상 논하지 않아도 될 것 같다. 숫명다래나무는 길마가지나무의 이명으로 처리 되었기 때문이다. 줄기와 화경의 털 유무에 따라 그 이름이 달라졌으나 이 형질들은 변이 폭이 매우 넓고 연속적이기 때문에 논란이 끊이지 않을 수 없었고 결국 이명 처리가 되었다.

꽃자루와 가지에 털이 있는지 없는지 늘 고민해야 했던 길마가지나무(인동과 인동속)다. ▶

왕괴불나무와 달리 꽃이 먼저 피므로 잎은 이제야 움트는 상태다. 왕괴불나무보다 이른 봄 2~3월경에 꽃을 볼 수 있다.

길마가지나무 이름에 대해서는 해석이 분분한데 꽃이 무리 지어 피면 달콤한 향이 퍼져 길을 가던 사람들의 발길을 막는다 하여 길마가지라 하였다는 설과 이 열매가 소나 말의 등에 올리는 농기구 '길마'와 닮아 붙여졌을 거란 추측들도 있다.

주로 남부지방이나 바닷가 산지에 길마가지나무가 자생한다면 중부지방에는 비슷한 시기에 올괴불나무가 꽃을 피운다.

길마가지나무가 노란 꽃술을 가진 반면 올괴불나무의 꽃술은 붉은색(자주빛)을 띠기 때문에 구별이 어렵지 않다.

** 괴불나무 종류는 다양하다. 괴불나무, 각시괴불나무, 청괴불나무, 홍괴불나무, 흰괴불나무, 흰등괴불나무, 올괴불나무, 섬괴불나무 등등… 하나같이 독특하고 신비로운 자태를 품은 것이 괴불나무 종류다.

괴불이라는 이름은 왜 붙여졌을까. 앞서 만난 괴불주머니는 아기들의 노리개 주머니를 닮아 붙여진 이름이라면 괴불나무는 두 개가 붙은 둥그런 열매가 마치 개불알을 닮았다 하여 괴불나무가 되었다.

그러고 보면 개 불알을 닮았다 하여 노골적으로 붙여진 이름이 많다. 개불알풀(현삼과 개불알풀속)이 그렇고, 복주머니란(난초과 복주머니란속) 역시 옛 이름은 개불알꽃이었다가 귀한 자태에 개불알이 웬 말이냐며 개명된 이름이다.

흔한 잡초지만 자세히 보면 이 아이들도 아름답다.
봄까치꽃이라는 우리말이 있긴 하지만 정명은 큰개불알풀(현삼과 개불알풀속)이다.
괴불나무처럼 열매의 생김새가 개의 생식기를 닮았다고 붙여진 이름이다. 개불알풀속 중에는 큰개불알풀이 가장 흔하고 쉽게 접할 수 있다. 외래식물(귀화식물)이다. ▲

팽이눈속은 종류도 많고 참 복잡하다.
흰털괭이눈(범의귀과 괭이눈속)이 군락을 이뤘다. 줄기와 무성지 잎에 긴 흰털이 밀생해 붙여진 이름이다.
흰괭이눈, 큰괭이눈이라 불리기도 하고 이름에 대해 말 많고 탈 많은 아이다. ▼

회잎나무(노박덩굴과 화살나무속)다. ▶

회잎나무와 꽃, 열매, 잎이 모두 같지만 어린 가지에 코르크질의 얇은 날개가 있는 것을 화살나무(노박덩굴과 화살나무속)로 구별하고 있다.

물론 하나로 봐야 한다는 학자들과 견해들도 많이 있다.

이른 봄날 회잎나무 새순이 올라올 때면 잎을 따는 사람들을 종종 보기도 한다. 홑잎나물이라 하여 나물로도 인기가 좋은데 가끔 원예수로 심어져 있는 화살나무 잎을 따는 사람들을 보기도 한다. 화살나무나 회잎나무를 모두 홑잎나물이라 알고 있을 뿐, 그분들에게도 두 나무의 차이가 없다 느껴졌을 것이다.

윤판나물(백합과 애기나리속)이다. ◀
윤판나물은 윤판서가 사는 야산에 자랐다 하여 붙여진 이름이다.
울릉도에는 윤판나물아재비(백합과 애기나리속)가 있다.

앞머리에 무스를 바른 듯, 코브라 머리인 듯 불염포가 꽃을 감싸는 둥근잎천남성(천남성과 천남성속)이다. 불염포는 꽃을 보호하기 위해 잎이 변형된 포를 말

한다. 꽃은 길쭉한 불염포 통 속에 들어 있다. 둥근잎천남성은 한 줄기의 잎에 소엽은 3~5장이다.
흔히 천남성이라 부르기도 하지만 기본종은 천남성이 아닌 둥근잎천남성이다. 같은 조건에서 잎에 결각이 없으면 둥근잎천남성, 잎에 결각이 있으면 천남성으로 구별하기도 하지만 넓은 의미로 둥근잎천남성에 포함시키기도 한다. 조금 음습한 내륙의 산지에서는 쉬 접할 수 있다.▲

** 천남성은 조선 시대 사약을 만드는 재료였다.
사약의 '사'는 죽을 사(死)가 아닌 임금이 내리는 약이란 뜻으로 내릴 사(賜)를 쓴다. 우리가 흔히 알고 있는 먹고 죽는 약 외에도 임금이 아끼는 신하에게 보약을 내려도 '사약'이었다. 사약은 임금이 정2품 이상에게 내리는 약이라 먹고 죽는 독약의 경우도 신분에 제약이 있었다.

3출엽의 잎 2개가 마주나는 큰천남성(천남성과 천남성속)이다.▼
둥근잎천남성보다 잎이 두껍고 윤기가 있고, 잎도 꽃도 크다.
권투 글러브인 듯, 코브라 한 마리가 외눈박이를 품고 있는 듯, 대머리독수리가

큰 눈을 부라리는 듯, 볼 때마다 움찔하게 만드는 독특한 꽃이다.
암수딴포기인 큰천남성은 커다란 불염포 안에 육수꽃차례가 자라는 형태로, 전남이나 경남, 제주 등 남부지방에서 볼 수 있는 여러해살이풀이다.

점박이천남성(천남성과 천남성속)이다.
잎이 2개이고 소엽이 5~14개 정도로 좁은 피침형의 형태를 띤다. 줄기에 점박이 같은 무늬가 있어 붙여진 이름이다. ▲

노랑붓꽃 너를 만나러 떠나온 길

각시붓꽃(붓꽃과 붓꽃속)이다. 작고 야리야리한 귀여운 모습을 각시에 빗대 붙여진 이름이다. 봄날 붓꽃 중에 가장 쉬 접할 수 있지만 그 색감이 여간 고운 게 아니다. 화선지에 난을 칠 것 같은 저 유려함 좀 보라. 붓꽃은 꽃이 피기 전의 꽃봉오리 상태가 먹물을 묻힌 붓과 닮아 붙여진 이름이다. ▲

노랑붓꽃

입암산을 찾은 가장 궁극적인 이유, 이 노랑붓꽃(붓꽃과 붓꽃속)을 보기 위해서다.
몇몇 수목원에서도 노랑붓꽃을 볼 수 있지만, 원 모습 그대로 자라는 야생 들꽃을 만나는 기쁨은 비교 대상이 되질 못한다. 특히나 멸종위기종을 말이다.

노랑붓꽃은 우리나라에만 있는 특산식물로 환경부 지정 멸종위기 야생생물 2급이자 산림청의 적색목록 위기종이다.
입암산과 변산반도 일대를 포함 다섯 군데 정도의 자생지를 두었을 만큼 서식지가 극히 제한적인 귀한 종이다.
입암산이 내장산국립공원에 포함되는 데다 노랑붓꽃을 포함해 생태를 보호하기 위해서라도 계곡에는 출입금지를 시킨 상황이다. 계곡까지 들어가지 않아도 등로 주변에 피어난 노랑붓꽃은 참으로 고맙고 반가운 존재가 되었다.

얼핏 금붓꽃과 너무 흡사해 금붓꽃이라 착각하는 것도 무리는 아니다.
금붓꽃과 구별하기 힘들 만큼 비슷하지만 노랑붓꽃은 꽃줄기 끝에 꽃을 2개씩 피운다면 금붓꽃은 하나의 꽃줄기에 1개씩 꽃이 피는 차이가 있다.
간혹 노랑붓꽃이 꽃대 한 개에 한 송이의 꽃을 피워 의아할 수 있지만 그것은 꽃이 졌거나 아직 피지 않아 한 송이처럼 보이는 것이다.
한 송이만 피어 있는 꽃대를 보면 볼록 튀어나와 있는 것을 볼 수 있는데 다른 한 송이가 개화를 준비하고 있기 때문이다.
노랑붓꽃은 숲의 그늘진 곳이나 계곡 주변에서 자생한다. 노랑붓꽃 자생지인 입암산과 변산반도는 그 조건을 충족시키고 있다. ▲

하나의 꽃대에 한 송이의 꽃을 피우는 금붓꽃(붓꽃과 붓꽃속)이다. ▲
야생화 많기로 유명한 경기도 가평 숲에서 담은 것이다.
노랑붓꽃에 비하면 비교적 수월하게 만나게 되지만 금붓꽃도 전국적으로 20여 곳의 자생지가 있어 그리 넓은 편은 아니다. 금붓꽃은 우리나라와 중국에 분포하고 있다.

** 금붓꽃과 노랑붓꽃의 차이점은 간단하다.
금붓꽃은 1경 1화, 노랑붓꽃은 1경 2화로 기억하면 된다.
입암산을 포함한 특정 지역이 아닌 이상 숲에서 만나는 것은 금붓꽃이라 생각해도 좋겠다.

노랑붓꽃과 이름이 비슷해 착각할 수 있는 붓꽃도 있다. 노랑무늬붓꽃(붓꽃과 붓꽃속)이다.
노랑무늬붓꽃은 흰색 바탕에 노랑무늬가 있는 형태로 금붓꽃이나 노랑붓꽃과는 구별이 된다. ▲

입암산은 내장산이나 백암산에 가려 상대적으로 덜 알려진 게 사실이다. 내장산 백암산에 못지않게 단풍이 곱고, 선인들의 발자취를 따라 역사를 느껴 볼 수 있는 데다 봄이면 이렇게 수많은 들꽃들이 수를 놓는데도 말이다.
노랑붓꽃이 있어 입암산의 봄이 더욱이나 빛나는 이유다.

풍경과 산행이 어우러진
멸종위기 야생화 탐방

세계적 여행지,
진안 마이산의
6월은

전북 진안군 진안읍 일대에 두 바위 봉우리가 우뚝 솟아 있는데 전라북도 도립공원이자 국가지질공원이고 명승으로 지정되어 있는 마이산이다.

삼국시대와 고려시대에는 다른 이름들로 불리다가 조선시대부터 두 봉우리가 말의 귀를 닮았다는 데서 마이산(馬耳山)이라는 이름으로 불리어 왔다.

좀 더 풍만하고 넓은 봉우리가 서봉인 암마이봉, 더 뾰족하고 위험해 탐방이 금지되어 있는 동봉이 숫마이봉이다.

멀리서 얼핏 보면 숫마이봉이 더 뾰족해 높을 것 같지만 암마이봉(687m)보다 숫마이봉(681m)이 조금 낮다.

마이산은 계절마다 부르는 별칭들도 다른데 봄은 안개를 뚫고 나온 두 봉우리가 쌍돛배 같다 하여 돛대봉, 수목이 울창해질 때면 용의 뿔처럼 보인다 하여 여름은 용각봉, 단풍 물든 모습이 말의 귀 같아 가을 이름은 마이봉, 겨울이면 봉우리 끝으로 눈이 쌓이지 않아 먹물을 찍은 붓끝처럼 보인다 하여 문필봉이다.

마이산은 국제적인 여행안내서 미슐랭 그린가이드에서 별 3개의 만점을 받기도 해 우리나라뿐 아니라 세계적으로도 인정받는 여행지이기도 하다.

마이산에는 마이산 8경이 있는데 화엄굴, 탑사, 타포니 현상, 역고드름, 은수사, 탑영제, 금당사, 이산묘다. 폭풍이 몰아쳐도 끄떡없다는 탑사, 바위벽에 구멍이 숭숭 뚫린 타포니 현상, 석간수가 흐르는 영험한 기운의 화엄굴, 겨울에 정화수를 떠 놓으면 다음 날 거꾸로 솟는 역고드름, 청실배나무와 줄사철나무군락과 태조 이성계와 금척 이야기가 내려오

는 은수사, 마이산 봉우리가 마치 거울처럼 비춰진다는 탑영제. 보물과 문화재를 보유한 마이산 남부의 금당사, 이승만 전 대통령의 친필휘호 비석인 '대한광복 기념비'와 김구 선생의 희호인 '주필대'가 있는 이산묘가 그것이다.

다이산의 두 봉우리는 남녀, 부부로 표현되는데 동봉을 숫마이봉, 서봉을 암마이봉이라 칭한다. 숫마이봉은 우뚝하고 뾰족한 모습이 남성의 상징으로도 표현된다. 숫마이봉 올라가는 150m 지점에 천연동굴이 하나 있는데 화엄굴이다.
화엄굴은 한 이승이 이 굴에서 연화경과 화엄경 두 경전을 얻었다는 데서 유래했다. 화엄굴에는 바위틈을 타고 내려오는 석간수가 있는데, 아기를 갖지 못하는 여인들이 이 물을 마시면 득남한다는 전설이 있어 인기가 있었고 기도처로 알려져 무속인들은 물론 소원 품은 사람들이 많이 찾던 곳이기도 하다.
숫마이봉의 강한 기와 그 속에서 솟는 석간수를 마시면 모든 게 이루어질 수 있다는 믿음, 바람들이 이어져 온 것이다.
그러나 이제는 붕괴 위험과 훼손이 심해져 출입이 통제되고 있다.
필자가 어렸을 때만 해도 화엄굴에 올라갈 수 있었고 그 서늘함을 경험할 수 있는 곳이었다. 물론 그때는 암마이봉에도 계단과 난간이 설치되어 있지 않았지만 조심조심 네 발로 기어오르는 묘미가 있었다.

숫마이봉이다.
갈라진 협곡 사이로
화엄굴이 자리한다.

암마이봉. ▲

전망대 정각이 있는 비룡대. ▼

고금당이다. ▲

고금당 아래의 나옹암은 고려 말의 고승 나옹선사의 수도처로 전해지는 자연암 굴로 원래 금당사가 자리 잡고 있던 터라 고금당이라 부르게 되었다.

나옹(1320~1376년)은 법호이고 법명은 혜근이며 속성은 아씨다.

20세에 친구의 죽음을 계기로 출가해 양주 회암사에서 득도하였고 그 뒤 중국으로 건너가 인도의 고승 지공화상으로부터 법을 받아 1358년 귀국하여 고려불교 중흥에 많은 공을 세웠다.

1371년에는 공민왕의 책사가 되었고 보우, 무학 등의 이름난 제자를 배출하였고 많은 시와 가사를 남기고 여주 신륵사에서 입적하였다.

마이산은 산행 개념보다는 남부주차장이나 북부주차장에서 가볍게 탐사와 은수사만을 또는 암마이봉까지 올라 보는 탐방객이 많다. 산행다운 산행을 하고 싶다면 광대봉과 고금당, 비룡대, 암마이봉을 한 바퀴 돌아보면 된다. 합미산성에서 조금 길게 걸어 봐도 좋다.

마이산은 사계절 아름답지만 봄에 벚꽃이 만개할 때 탐방객이 가장 많이 찾는 명소로 진안고원에 피어나는 수천 그루의 벚꽃은 주변의 저수지와 쌍봉과 더불어 환상적인 풍경을 연출한다.

마이산은 금남호남정맥이 지나는 산이기도 하다.

** 금남호남정맥이란 설악산과 태백산 속리산을 거쳐 내려오던 백두대간이 전북 장수군 영취산에서 분기하여 장안산, 팔공산, 성수산, 마이산, 부귀산을 거쳐 진안의 주화산 조약봉 일대에서 맥을 다하게 되는데 도상거리 약 65㎞로 정맥 중 가장 짧은 산줄기를 말한다.

금남호남정맥 마지막 지점인 주화산에서 위로 올라가면 금남정맥이고, 주화산에서 남쪽으로 내려오면 호남정맥이 되는 것이다.

진안 주화산은 3정맥이 분기하는 중요 지점이다.

그러니까 주화산에서 북쪽으로 연석산, 운장산, 장군봉, 대둔산, 계룡산, 부여의 부소산으로 이어지는 126㎞의 산줄기가 금남정맥이고, 호남정맥은 주화산에서 남쪽으로 내장산과 추월산, 강천산, 무등산, 제암산, 조계산을 지나고 마지막 백운산과 망덕산을 거쳐 광양만 외포망구에서 맥을 다하

는 약 430㎞를 말하는 것으로 우리나라 9정맥 중에 가장 긴 거리다.
(백두대간도 그러하듯 거리를 재는 방법이나 방식, 기관에 따라 조금씩의 오차는 있다는 것도 밝혀 둔다)

마이산은 세계적으로도 대표적인 타포니 지형이다.

바위 봉우리 경사면에 폭격 맞은 것처럼 구멍이 움푹움푹 파여 크고 작은 굴들을 만들었는데 이것을 타포니 지형이라 한다.
외부에서 풍화작용을 일으키는 게 보통이지만 타포니 지형은 바위 내부에서 일어난 팽창에 의해 밖으로 터져 나가는 형태이다.
마이산의 암반을 보면 마치 자갈과 시멘트를 혼합해 놓은 것 같다.

마이산의 상징인 탑사다. ▲
암마이봉과 숫마이봉 사이의 기운을 가득 받는 깊은 자리, 그곳에 탑사가 조성되었다. 마이산 탑사엔 영신각 위쪽으로 암마이봉을 타고 길게 뻗어 올린 능소화가 압권이다. 바위의 영양분이 부족한 것인지 해마다 꽃이 만발한 모습은 만나기가 어렵다.

올해도 드문드문 몇 송이만이 꽃을 피웠다. 보통 크기가 10m라 하는데 마이산은 암벽을 타고 오르는 것이 그보다 훨씬 높지 않을까 싶다.

탑사는 이갑용 처사가 30년 동안 쌓은 돌탑들의 불가사의라 말들을 한다.
많은 드라마와 영화 촬영지였던 곳으로 심한 비바람에도 변함없이 오늘에 이르렀다는 것만으로도 경이롭게 느껴지는 탑사다.
이갑용 처사는 훗날 이리 유명한 관광 명소가 될 것을 알고나 있었을까.
희귀 야생화도 그러하듯 요즘은 비바람보단 사람의 손길이 더 무섭다 한다. 만지고 돌을 가져가고 그 위에 또 다른 돌을 얹어 소망들을 담으려 하고.
이 탑사 조성의 시작은 효심이 깊었던 이갑용 처사가 부모를 잃고 시묘살이를 끝낸 후 인생의 무상함을 통탄하고 전국 명산을 전전하고 수양하다 1885년 25세 되던 때 이곳에 들어와 솔잎을 먹고 생식하다 신의 계시를 받고 탑을 쌓기 시작했다 전한다.
이갑용 처사가 직접 만들어 지금까지 식수로 사용되고 있는 용궁은 섬진강 발원지라 쓰여 있는데 섬진강 발원지에 대한 이야기는 은수사에도 연결된다.

암마이봉과 숫마이봉 사이에 자리를 잡은 은수사다. ▼
태조 이성계가 왕이 되기 전 꿈을 꾸면서 기도를 드렸던 장소로 꿈속에서 신으로부터 금으로 된 자를 받았다 한다.
그것을 금척이라 하는데 그 신표를 받은 곳이 이곳 은수사로 그 뒤 은수사에서 몽금척수수도를 모시게 된 이유가 되었다.
정도전은 금척을 소재로 가사와 악보를 만들어 국가 행사 때 쓰게 하였고 대한제국 당시에는 금척대훈장이 최고의 훈장이었다 한다.
금척이란 말이 이때 생긴 것이다.
은처럼 맑은 물이 솟아 나와 지금까지 그 이름 그대로 불려 온 은수사에는 시원한 샘물이 있는데 용궁과 더불어 섬진강의 발원지라 알려져 있다.
이중환의 《택리지》, 이긍익의 《연려실기술》, 조선 중종 때 간행된 《신증동국여지

 《승람》에는 섬진강의 발원지를 마이산이라 하였으나 일제 때 만든 자료에 의하면 진안군 부귀면의 부귀산을 섬진강의 발원지라고 하였고 수자원공사의 〈전국하천조사서〉와 건설교통부 〈하천편람〉은 일제의 자료를 인용해 사용하다가 여러 각도로 계측 결과 진안군 백운면 금남호남정맥인 팔공산 자락의 데미샘을 발원지로 보고 표지석을 세웠다.
 2016년 산림청에서 데미샘을 국가산림문화자산 섬진강 발원지라 지정하였기 때문에 섬진강 발원지는 데미샘으로 인식하는 분위기가 많아졌다.
 마이산 포함 진안의 세 곳 모두를 발원지로 보아도 무방하지 않느냐는 의견들도 있다.

은수사에서 바라본 숫마이봉. ▲

마이산 탑영제. ▲

진안은 인삼이 유명하고 운일암, 반일암과 백운동계곡(데미샘), 용담호, 운장산, 구봉산, 진안고원치유숲, 진안홍삼스파도 많이 찾는 진안의 명소다.
마이산 교통은 관광지답게 전주역에서 남부주차장까지 가는 버스와 북부주차장까지 가는 버스도 운영 중이다. 물론 진안에서 남부주차장과 북부주차장으로 가는 버스들도 운행하고 있어 타 산지의 대중교통에 비하면 큰 불편함은 없다.

올해에도 귀한 그 꽃이 피었을까

6월 25일경 마이산에서는 으름난초, 옥잠난초, 병아리난초, 은대난초, 작살나무, 좀깨잎나무, 우산나물, 줄사철나무, 산돌배(청실배나무), 바위채송화, 능소화, 털중나리, 조록싸리, 큰뱀무, 큰낭아초, 자귀나무, 구실사리, 쇠물푸레나무, 일월비비추, 큰까치수염, 때죽나무 등을 만난다.

여름이면 흔하게 볼 수 있는 큰까치수염(앵초과 참좁쌀풀속)이다. ▲
큰까치수염은 흔하게 보이지만 요즘 까치수염은 거의 눈에 띄지 않는다.
큰까치수염은 잎겨드랑이 줄기 마디에 붉은색을 띠고, 잎이나 줄기에 털이 없이 매끈한 반면 아무 수식 붙지 않는 까치수염은 붉은 무늬가 없고 전초에 털이 많다.

까치수염에 비해 큰까치수염 잎이 넓은 편이다.
꽃 모양이 마치 까치 날갯죽지의 흰 털과 비슷해 보여 까치수염이라 이름 붙여졌다.

여름의 숲에선 큰까치수염 못지 않게 쉬 볼 수 있는 큰뱀무(장미과 뱀무속)다. ▶
우리가 내륙에서 흔히 보는 뱀무는 모두 큰뱀무라 생각하면 된다. 뱀무는 울릉도와 제주에 자생하는데 큰뱀무에 비해 전초가 작고 줄기잎이 갈라지지 않거나 얕은 결각이 있고 잎 결각은 날카롭지 않고 부드러운 편이다.

이 꽃이 필 때면 나는 막연하게 우리 고향 면사무소가 떠오른다. ▼
쉽게 사라지는 기억이 있는 반면 시간이 지나도 그 추억과 향기들이 오버랩되어

잊히지 않는 모습들이 있기 마련이다.
이 나무 이름은 알지 못했지만 무더운 한여름 하교 시간, 학교 근처에 있던 면소무소 앞마당에 커다랗게 그늘을 제공하던 그 장면은 나이가 들어도 생생하게 되살아났다.
성인이 되고 중년으로 나이를 먹어 가면서도 여름철 어디에선가 이 나무를 보면 그 면사무소와 그 앞을 지나던 어린 소녀가 함께하고 있었다.
자귀나무(콩과 자귀나무속)다.
꽃은 암수한꽃이고, 우산 모양의 꽃차례로 15~20개 정도씩 달린다.
꽃부리는 연한 녹색으로 5갈래고, 꽃처럼 보이는 것은 수술이다. 수술이 25개 정도로 아래엔 흰색, 위쪽은 붉은색을 띤다.
암술은 붉은색 없는 흰색인데 수술이 시들 때쯤 그때서야 자세히 보이기 시작한다.
자귀나무가 콩과인 이유는 결실기 때 콩 꼬투리 같은 열매를 맺기 때문이다.
자귀나무 잎은 밤이 되면 오므라들어 취면운동을 하게 되는데 그 모습이 서로를 껴안는 것 같다 하여 오래전부터 중국에서는 합환목이라 하였다. 기쁨이 합쳐진다, 또는 부부 금실이 좋다는 의미로 합환에서 유래했다.
자귀나무의 꽃을 말려 베개 속에 넣어 두면 좋은 향이 나기 때문일지도 모르겠다.
잎이 오므라들어 잠자는 것 같아 마치 귀신 같다는 뜻으로 붙여졌다는 설도 있다. 부부 금실을 위해 예전엔 이 나무를 집 안에 심기도 했다는데 부부 금실뿐 아니라 귀신을 물리쳐 주는 의미로도 심지 않았을까 싶다.
전체가 좀 더 흰색에 가까운 왕자귀나무도 있다.
자귀나무 잎과 비슷해 이름 붙여진 자귀풀도 있다. 자귀풀과 차풀은 한탄강 편에 실렸다.

일월비비추(백합과 비비추속)가 하나둘 꽃망울을 맺고 있다. ◀
일월비비추는 꽃이 꽃대 끝에 모여 피는 것이 특징이다.

비비추라는 이름은 어린잎을 나물로 먹을 때 거품이 나올 때까지 잎을 비벼서 먹었다 해서 붙여졌다는 설, 그리고 봄에 새싹이 돋아날 때 비비 꼬이면서 올라오고 어린잎은 나물로 먹을 수 있어 취라 하였는데 취가 추로 변했을 거라 추정들을 한다.

비비추에 뜬금없는 일월이라는 수식은 왜 붙은 것일까.

경북 영양군 일월면 일월산에서 처음 발견되어 일월비비추가 되었다 한다. 처음 발견자가 일월산이 아닌 일월비비추 군락이 대장관인 소백산을 먼저 갔더라면 소백비비추가 되었을까~^^

** 아무 수식 붙지 않는 비비추(백합과 비비추속)는 자생식물이 아닌 재배식물로 공원이나 정원에서 조경용으로 볼 수 있다. 옥잠화(백합과 비비추속) 역시 공원 등에서 볼 수 있는 재배식물이다. 비비추가 연한 자주색 꽃을 피운다면 옥잠화는 흰색 꽃을 피운다.

상록성 여러해살이풀 양치식물인 바위손(부처손과 부처손속)이다. ▶
이런 모습을 무조건 부처손이라 부르는 사람들도 많은데 잘못 불리는 거다. 부처손의 효능이 좋다고 알려지면서 부처손이라 믿고 싶은지도 모른다.
도감에 부처손과 바위손이 잘못 기재된 것이 그대로 답습되어 혼란을 부추긴 이유도 크다. 부처손은 제주에 자생하는데 특정한 습한 곳에서 볼 수 있다. 내륙에서 이렇게 둥근 형태로 피는 것은 바위손이다.
영월이나 정선 등의 석회암 지대에서 자라는 개부처손도 있다.

상록성 여러해살이풀인 구실사리(부처손과 부처손속)가 정상 오르는 바위를 뒤덮었다. 잎에는 톱니가 뚜렷하고 구리철사같이 단단한 붉은 줄기는 땅에 붙어 포복하고 가지가 갈라지면서 뿌리를 내려 뻗어 나간다. 꽃이 없는 삭막한 겨울에도 상록성인 구실사리는 볼거리를 제공하니 이끼다 양치식물이다 무시할 일이 아니다.

작은 잎이 4열(2형으로 같은 형태가 2개씩 돌려난다)로 배열해 마치 구슬을 꿴 사리와 비슷하다 하여 구슬사리에서 구실사리가 되었고, 포자엽이 난형으로 끝이 봉긋 올라온 모습이 구슬 같다 하여 붙여졌다는 설도 있다. ▲

마이산에는 암벽으로 길게 뻗어 올린 능소화(능소화과 능소화속)가 시선 강탈이지만 어느 담장들처럼 꽃은 그렇게 많이 피우질 못한다.
능소화는 자생식물이 아닌 심어 키우는 재배식물이다. 처음 중국에서 건너온 것

으로 중부 이남에서만 식재되던 것이 이제는 서울에서도 쉬 볼 수가 있다. 그만큼 온난화 영향으로 기온이 많이 올라갔다는 반증일 것이다.
꽃이 크고 아름다워 울타리나 담장 덩굴로 많이들 식재하는 낙엽활엽덩굴이다. ▲

꽃이 지고 열매를 달고 있는 줄사철나무(노박덩굴과 화살나무속)다. ▲

은수사와 탑사 주변엔 20여 그루의 줄사철나무가 자생하는데 마이산 줄사철나무군락은 천연기념물로 지정되어 보호받고 있다. 노박덩굴과에 속하는 줄사철나무는 사철 푸른 잎을 자랑하는 상록활엽 덩굴식물로 줄기에서 뿌리가 내리고 이것으로 바위나 나무를 기어올라 흡착해 뻗어 나간다.

마이산은 한반도 내륙에서 줄사철나무가 자생하는 가장 북쪽한계선인 데다 어린 나무와 늙은 나무가 여러 그루 모여 있어 생태학적으로도 귀중하게 평가되고 있다. 물론 자생이 아닌 원예용으로 심어진 줄사철나무는 서울이나 중부에서도 볼 수 있다.

사철 푸른 상록활엽 덩굴성으로 사철나무가 직립한다면 줄사철나무는 덩굴 식물이다.

천연기념물인 은수사 청실배나무다. ▲ ▶

국가표준식물목록이나 국립생물자원관에 청실배나무에 대한 정보는 나오지 않는다. 산돌배(장미과 배나무속)의 변종이기 때문이다.

은수사의 청실배나무는 나이가 640살 이상으로 추정되고 몸통줄기가 네 갈래로 갈라졌다가 가운데 두 갈래가 다시 합쳐지는 등 매우 진귀한 모양을 하고 있다. 이성계가 은수사를 찾아 기도하면서 그 증표로서 씨앗을 심은 것이 오늘 이 나무에 이르렀다는 전설이 있다.

청실배나무는 우리 재래종으로 현재까지 남아 있는 수가 많지 않고, 이렇게 수령 오래된 큰 나무는 더욱 귀해 학술적 가치 및 종 보존의 차원으로도 중요해 천연기념물로 지정하게 되었다.

6월 말, 아직 여름 꽃들이 많이 개화하지 않은 시기에 고고하게 피어난 꽃 한 송이가 있었으니 털중나리(백합과 백합속)다.
나리 종류 중에서는 그래도 가장 흔한 나리지만 오늘만큼은 최고로 귀하고 어여쁜 자태가 되었다.
꽃이 중간쯤을 향하고 잎과 줄기 등에 털이 있어 털중나리가 되었다. ▲

봄에 피는 은대난초(난초과 은대난초속)가 열매 맺은 모습이다. ▲
꽃 아래 포엽이 꽃보다 길면 은대난초, 포가 작으면 은난초로 구별한다.

꽃이 폈을 때의 은난초(난초과 은대난초속)와 은대난초(난초과 은대난초속)다. ▲ 은난초의 포엽은 꽃대보다 작고, 은대난초 포엽은 꽃대와 비슷하거나 약간 긴 모습이 확인된다.
은대난초 꽃잎은 폈는지 말았는지 싶을 만큼 시원하게 열리지 않는 특징도 있고 잎도 은난초보다는 길쭉길쭉한 편이다.

병아리난초

마이산 정상 암마이봉을 오르는 급경사 바위벽에 작은 점박이들이 손짓을 한다. 넘넘 앙증맞고 사랑스러운 병아리난초(난초과 병아리난초속)다.

어찌나 꽃이 작은지 손은 부들부들…. 그래도 담고 나면 이렇게나 어여쁠 수가 없다. 전체적인 크기는 약 8~20㎝, 꽃부리 지름은 약 3.5㎜로 아주 작다. 습도가 높고 이끼가 있는 산지 반그늘 바위에서 잘 자라는 여러해살이풀이다.

듬직한 한 장의 잎이 열 잎 부럽지가 않다. 급경사 바위를 오르는 이 길에 잠시 힘듦을 내려놓고 마음에선 무한 애정이 쏟아진다.

병아리난초속에는 귀해서 보기 어려워진 구름병아리난초도 있다. 구름병아리난초는 가야산 편에 실렸다. 병아리난초 잎이 한 장이라면 구름병아리난초 잎은 2장이거나 간혹 3장도 있다. ▲

으름난초를 보러 계곡을 따라 올라가는 길, 졸졸 물소리가 나는 개울가에 사람들이 드나든 흔적이 보인다. 으름난초인가 보니 옥잠난초(난초과 나리난초속)가 군데군데 무리를 지어 군락으로 자라고 있다. 이 계곡에선 으름난초만큼이나 관심을 받는 아이들이다.

나도옥잠화가 백합과의 식물이라면 옥잠난초는 난초과에 속한다.

난초 종류는 너무나 다양한 데다 분류체계 역시 다 따라잡기 어려울 만큼 복잡하다. 그나마 옥잠난초는 살짝 주름이 지는 잎의 형태가 구별을 용이하게 해 준다. 전체적인 크기는 15~30㎝ 정도, 잎은 2장에 연녹색의 꽃을 피운다.

반그늘 물 빠짐이 좋은 비옥한 곳에 자라는데 대체로 조금 습한 주변에서 자생한다. 옥잠난초는 나나벌이난초와 비슷하게 생겼는데 나나벌이난초는 옥잠난초보다 소형이고 꽃은 연녹색이거나 자갈색을 띠기도 한다.

옥잠난초라는 이름은 잎이 옥잠화를 닮아 붙였다는데 고개를 갸우뚱하게 된다. 이름에 대해 수긍이 안 되는 식물들이 가끔 있는데 개인적으로 이 옥잠난초가 그에 속한다.

조금은 객관적이지 않고 처음 이름을 붙인 사람의 그날 기분이나 느낌, 상황에 따라 그 식물에게 부여하고자 하는 이름은 달라질 수 있을 거라는 그래서 조금은 신중해야 하지 않을까 생각을 하게 만드는 옥잠난초다. ▲

옥잠난초

으름난초(난초과 으름난초속)다. ▲ ▼

일부러 찾아다니지 않는 이상은 만날 수 없는 희귀한 식물로 마이산에 자생하고 있다는 것은 이 지역과 마이산의 큰 축복이 아닐 수 없다.

자생지가 진안을 비롯해 몇 손가락 안에 들 정도로 매우 제한적이라 환경부 지정 멸종위기 야생생물 2급, 산림청 국립수목원의 한국 국가적색목록 위기로 평가된 희귀한 종이다. 희귀식물목록에는 멸종위기종에 지정되어 있다.

으름난초는 열매가 으름을 닮아 붙여진 이름으로 전체적인 모습이 천마를 닮아 개천마라 불리기도 한다.

엽록소가 없어서 광합성을 하지 못하고 썩은 균사에 기생하는 부생란으로 빛이 잘 들지 않는 음지의 습한 숲에서 서식한다. 광합성을 하지 못하다 보니 식물 전체에 녹색이 없다.

6~7월에 황갈색의 꽃을 피우고, 꽃받침은 긴 타원형으로 꽃을 감싼다.

전체적인 크기는 50~100㎝(작은 것은 10~20㎝ 정도), 잎은 삼각 모양으로 뒷면이 부풀고 잎이 마르면 가죽 같은 느낌이 든다.

다른 난초 종류에 비해 상당히 크다 보니 금방 눈에 띄고 자생지 주변을 돌아보면 머지않아 근처 몇 군데에서 무리를 지어 자라고 있다.

여러해살이풀로 매년 같은 장소에서 피기도 하지만 조금씩 자리를 이동해 돌아나거나 해를 걸러 피기도 한다.

하나의 꽃대에 20~30개씩 많은 꽃을 피우며 영양분을 소실하고 나면 다음 해에는 부생식물의 특성상 썩은 균사와 영양을 취할 더 나은 자리가 필요했을지도 모른다.

열매를 맺은 모습 또한 생소하면서도 귀한 장면이 되는데 으름을 닮기도 했지만 잘 익은 바나나와 비슷하기도 하다. 열매는 7~8월에 적색의 긴 타원형으로 익는다.

제주 곶자왈에서도 만난 기억이 있다.

7월 25일경, 으름과 바나나 그 중간쯤의 형태로 익는 마이산의 으름난초 열매다. ▲

으름난초를 사진으로 남기는 사람들을 뒤로하고 마이산 탐방을 마무리한다.

필자에게 마이산은 감회가 남다른 추억의 장소이기도 하다.

마땅히 갈 만한 곳은 거의 마이산이 전부이던 시절, 무엇이 그리도 즐거웠던지 별것도 아닌 것에 깔깔거리고 조잘거리고 버스 시간이 맞지 않아 북부주차장에서 진안까지 걷는 것도 큰 즐거움이었다.

중2~중3을 같이 어울렸던 4~5명의 친구들과 은수사 목어 앞에서 찍은 사진이 아직도 남아 있고, 집에서는 엄마가 얼마든지 부쳐 주던 그 부침개 한 장이 너무 비싸 깎아 달라 했던 기억도 생생하다.

필자에게 마이산이란 그 친구들과 우리 시골집과 이제는 허리 굽고 쇠약해진 노모가 떠오르는 시간 여행의 길이기도 하다.

마이산은 탑사며 암마이봉 숫마이봉의 쌍봉을 비롯해 은수사와 화엄굴 등 해마다 밀려드는 탐방객들로 이미 최고의 명소이자 여행지임은 증명이 되었다.

그 자체로도 훌륭한 마이산에 귀중한 으름난초까지 자라고 있었으니 마이산에는 진정 보물을 숨겨 두고 있었다.

옛 추억으로 거닌 길, 으름난초와 함께한 진안 마이산이었다.

풍경과 산행이 어우러진
멸종위기
야생화
탐방

역사와 함께 걷는
세계문화유산
남한산성

수도권에서 야생화 많기로 대표적인 곳이 남한산성이다.

다른 산지들처럼 험하지 않아 산책 코스로 한 바퀴 돌면서 야생화 공부를 하기에도 제격이다.

남한산성은 경기도 광주시 남한산성면에 위치하고 성남시와 하남시에 걸쳐 남한산과 청량산을 중심으로 험준한 자연지형을 따라 본성과 외성으로 견고하게 쌓은 천혜의 군사요지였다.

남한산성은 신라(672년) 주장성의 옛터에 기초해 쌓았다고 전해지고, 조선시대 여러 차례 증축을 해 오면서 수도 한양을 지키던 성벽의 역할을 하게 된다.

군사요지로 뛰어난 남한산성은 역사 문화적으로 가치가 높고 '탁월한 보편적 가치'를 인정받아 2014년 우리나라 11번째로 유네스코 세계유산에 등재되었다.

남한산성의 총 길이는 12.4㎞(본성 8.9㎞, 외성 3.2㎞, 신남산성 0.2㎞), 높이는 7.3m이다. 다른 산성들과 달리 산성 내에 마을과 종묘사직을 갖춘 것도 독특한 점이다.

외부의 침입 시나 유사시 국왕이 행차해 임시수도 역할을 할 수 있었던 행궁이 자리하고 수어장대, 연무관, 침괘정, 현절사, 숭렬전, 지수당 등의 문화재도 유네스코 지정의 큰 이유가 되었을 것이다.

경기도 유형문화재 제1호였던 수어장대는 2021년 12월 보물로 승격 지정되었다. 장대란 지휘관이 올라서서 군대를 지휘하도록 높은 곳에 지은 건축물이다.

수어장대는 남한산성의 서쪽에 자리하고 장대로서 남한산성에 세워졌던 5개의 장대 중 현존하는 유일한 건물이고 성안에 남아 있는 건물 중 가장 화려하고 웅장하다. 인조 2년(1624년) 남한산성 축조 때 단층으로 지었던 것을 영조 27년(1751년) 유수 이기진이 왕명을 받아 2층 누각으로 중건하고 안에는 무망루, 밖에는 서장대라 편액하였다. 헌종 2년(1836년) 고쳐 지으며 지금의 수어장대라는 현판을 달게 된다.

수어장대 2층 내부에는 무망루라는 편액이 걸려 있는데, 병자호란 때 인조가 겪은 치욕과 8년간 청나라에 볼모로 잡혀갔다가 귀국하여 북벌을 이루지 못하고 승하한 효종의 한을 잊지 말자는 뜻에서 영조가 지은 것이다.

남한산성 행궁(국가 사적) 한남루다. ▼
남한산성 행궁은 도성의 궁을 대신해 피난처로 사용하기 위해 인조 4년(1626년)에 건립되었고 인조 14년(1636년)에 병자호란이 일어나자 실제로 남한산성에 피신하게 된다.

한남루는 정조 22년(1798년)에 광주 유수 홍억이 행궁 입구에 세운 누문으로 기존에 남아 있던 외삼문과 중문에 추가해 삼문삼도의 법도를 완성하였다.

남한산성 동문 서문 남문 북문의 4대문 중 규모가 가장 큰 정문으로 현재에도 출입이 가장 많은 남문(지화문)이다. ▼

인조 2년(1624년)에 남문과 동문, 수구문을 수축하였다는 선조 때의 기록으로 미루어 남문은 인조 2년 그 이전부터 있었던 것임을 추정할 수 있다.

정조 3년(1779년) 성곽을 보수할 때 개축해 남문을 지화문이라 하였고, 2009년에 정조의 글씨를 집자하여 현판을 설치하였다.
현재 남문 밖은 성남으로 통하는 관문으로 성남누비길을 조성해 두었다.

남한산성 동문(좌익문)과 북문(전승문). ▲

남한산성 서문(우익문)이다. ▲

남한산성은 영화나 드라마에서도 많은 소재로 쓰인 역사적 장소이기도 하다.
조선시대 광해군(1575~1641년)은 이복동생인 영창대군을 죽이고 계모인 인목대비를 폐비로 만든 폐모살제, 군신관계로 섬겨 왔던 명나라를 등한시하고 청과 가까이하려 한다는 이유로 많은 신하와 선비들의 불만을 샀다. 여러 차례의 옥사와 궁을 짓는 토목 공사 등으로 재정 악화와 무고한 사람들을 죽였다는 명목(폭정) 등으로 인조반정(1623년)을 일으켜 인조가 왕이 된다.

하지만 정작 인조 자신은 외교 정치에도 무능하고 자식을 죽음으로 내몬 비정한 아버지라는 꼬리표도 따라붙게 된다. 조선 최악의 왕 하면 인조를 꼽는 사람이 많은 이유다.

인조의 친명배금 정책을 이유로 후금은 인조 5년 정묘호란(1627년)을 일으켜 조선을 침입하더니 그 후 후금을 청으로 국호 변경한 뒤 또다시 조선을 침략하니 병자호란(1636년)이다. 인조 14년의 일이었다.

청의 침략에 인조는 강화도로 가려 했지만 길이 막혀 가지 못하자 남한산성으로 피신을 한다.

청의 군대는 남한산성을 에워쌌고 끝내 남한산성에 고립되었던 인조는 항복의 뜻을 전하게 된다. 그들의 요청에 따라 삼전도에서 청 태종에 세 번 절하고 아홉 번 머리를 조아리고 찧는 삼전도의 굴욕을 당한다. 항복의식인 삼궤구고두례(삼배구고두례)다.

삼전도는 송파구 삼전동에 있는 나루였다.

남한산성에는 동, 서, 남, 북에 4개의 대문이 있는데 그중에 서문이 가장 규모가 작다.

처음에 인조가 남한산성에 들어갈 때는 정문인 남문(지화문)을 통해 들어갔지만 49일의 항거 끝에 인조가 청에게 항복하러 남한산성을 나설 때는 죄인은 정문을 통할 수 없다 하여 서문(우익문)으로 나서야 했던 치욕적인 역사가 있는 곳이다.

남한산성의 지형은 안쪽엔 평온하리만큼 얕고 평평한 느낌이라면 그 성곽 밖으로는 산세가 절벽처럼 험하게 이루어져 있다.

'남한산성의 안쪽은 낮고 얕지만 바깥은 높고 험해 청나라도 끝내 성은 함락을 하지 못하였지만 인조가 성 밖으로 나와 항복을 한 것은 이미 강화도가 함락되었고, 양식이 떨어진 탓'이라고 이중환의 《택리지》에도 실려 있다.

그 당시 청나라 군대에는 천연두가 번지고 있었는데 혹여 인조가 조금 더 버텨 항복을 미루었다면 천연두의 확산으로 철수를 하지 않았을까, 그 치욕은 만들어지지 않았을까 하는 막연한 상상도 해 보게 된다.

우리에겐 아픈 역사이기도 하지만 이젠 잘 보전해야 할 의무가 있는 장소가 되었다. 그 역사를 되짚어 보며 걷는 남한산성은 그래서 더 의미 있는 길이기도 하다.

제2남옹성. ▲

남한산성에는 4대문 이외에도 암문과 옹성, 수구문, 장대, 군포지, 망월사, 장경사 등을 접할 수 있다.

성문을 보호하기 위해 성벽 밖으로 하나의 성을 더 쌓은 것을 옹성이라 하는데 제1남옹성, 제2남옹성, 연주봉옹성, 장경사신지옹성 등이 있다.

암문은 적의 관측이 어려운 곳에 설치한 성문으로서 일종의 비밀통로로 너무 크지도 작지도 않게 설치했다. 남한산성에는 총 16개의 암문이 있다.

남한산성은 야생화의 교본

9월을 하루 앞둔 날, 비가 내리다 햇살이 들어차기를 반복하는 남한산성에는 큰제비고깔, 큰꿩의비름, 백부자, 기린초, 병아리풀, 누리장나무, 누린내풀, 청닭의난초, 박하, 산박하, 들깨풀, 무릇, 쥐똥나무, 털갈매나무(또는 참갈매나무), 선괴불주머니, 가는괴불주머니, 쇠무릎, 자주조희풀, 백선, 노린재나무, 활량나물, 딱지꽃, 딱총나무, 백당나무, 으아리, 사위질빵, 흰바디나물, 산층층이, 층층이꽃, 세잎쥐손이, 쥐손이풀, 흰이질풀, 광대싸리, 개머루, 가새잎개머루, 마, 좀꿩의다리, 신감채, 묏미나리, 송장풀, 속단, 박주가리, 댕댕이덩굴, 벌완두, 애기나리, 수크령, 닭의장풀, 산초나무, 담배풀, 좀담배풀, 까실쑥부쟁이, 등골나물, 골등골나물, 뚝갈, 마타리, 어수리, 며느리밑씻개, 도둑놈의갈고리, 큰도둑놈의갈고리, 큰까치수염, 꼭두서니, 삽주, 고삼, 개갈퀴, 좀네잎갈퀴, 큰잎갈퀴 등등 다 헤아릴 수 없을 만큼의 수많은 들풀꽃이 피고 지고 있다.

다른 편에서 소개하지 않은 식물 위주로 삽입하려 한다.

누군가 식재한 것으로 추정되는 대청부채가 자라고 있는데 대청부채는 대청도 편에 실어 남한산성에는 넣지 않았다.

긴 꽃술이 매혹적인 누리장나무(백합과 누리장나무속)다. ▲
산길을 걷다가 어딘가에서 큼큼한 냄새가 퍼질 때면 주변을 두리번거리게 된다. 누리장나무가 있을 거라는 확신이 들기 때문이다.
누린내 같은 냄새가 난다 하여 붙여진 이름이지만 그런 역겨운 냄새보다 나는 오히려 군락지 앞에 서면 오묘한 백합 냄새가 난다 느끼곤 한다.
무색무취보다 강렬한 향이 난다는 건 얼마나 큰 매력이던가.
암수한꽃의 양성화로 길게 뻗어 내린 4개의 수술이 인상적이다. 암술 하나는 작아서 잘 드러나지 않는다.

누리장나무 열매다. 누린내 난다는 그 불명예를 씻어 내기라도 하듯 가을의 보석 같은 열매는 또 얼마나 영롱한지 모른다.
옛사람들은 잎이 넓은 식물에 오동나무처럼 오동을 붙였는데 잎이 크고 냄새가 난다 하여 누리장나무를 냄새오동(취오동)이라 부르기도 했다. ▶

조금씩 가을 냄새가 나기 시작하는 계절, 어딘가에서 독특한 향이 퍼지고 있다.
누리장나무처럼 누린내 때문에 이름 붙여진 누린내풀(마편초과 누린내풀속)이다.
어사화를 닮은 누린내풀이 하나둘 개화를 시작하고 있으니 짙푸른 벽자색의 매력에 발길을 멈출 수밖에 없다.
불쾌한 냄새 대신 이 아이들만이 주는 진하지 않은 독특한 향과 사방으로 꽃대를 올린 누린내풀 자체로 감동이다. ▼

여름에 피어나는 이런 형태의 괴불주머니는 선괴불주머니와 가는괴불주머니가 매우 흡사해 착각하기 쉽다.

화통 아래 외화판 기부가 낙타 혹처럼 볼록 튀어나와 있는 선괴불주머니(현호색과 현호색속)다. 열매는 2~4개인 것이 대부분이다. ▼

** 선괴불주머니는 화통 아랫부분이 볼록 도드라지고, 가는괴불주머니는 화통 아랫부분(외화판 기부)이 튀어나오지 않거나 완만하게 볼록한 편이다.

선괴불주머니 열매는 짧은 난형 도란형(달걀을 거꾸로 세운 듯한 모양)으로 2~4개 정도의 종자를 맺는다면 가는괴불주머니 열매는 긴 선형(선처럼 가늘고 긴 모양)으로 5~8개 정도의 열매를 맺는다.

꽃 끝이 붉어지는 것은 선괴불주머니나 가는괴불주머니나 모두 그럴 수 있어 구별법은 되지 못한다.

선괴불주머니 주두는 정사각형(약간 둥근 형) 모양이라면, 가는괴불주머니 주두는 좌우로 긴 직사각형 모양이라는 차이점이 있다.

주두란 암술 끝에서 꽃가루를 받는 부분으로, 열매 끝에 달린 뭉툭한 부분을 말한다.

주두돌기 개수에 대해서는 국생종과 국립생물자원관이 서로 다른 부분이 있고 실제 확인했을 때 애매함이 있어 기재하지 않으려 한다.

남한산성에는 대부분 선괴불주머니가 많지만 관심을 갖고 들여다보면 가는괴불주머니(현호색과 현호색속) 열매 맺은 모습도 만나게 된다.

가는괴불주머니 씨방은 선형으로 열매를 8개까지 맺고, 화통 아랫부분(외화판 기부)이 거의 튀어나오지 않거나 완만하게 볼록하다. ▶

** 선괴불주머니는 한동안 눈괴불주머니로 오동정되어 잘못 알려졌었는데 눈괴불주머니는 중

국, 러시아, 북한 등 북방계식물로 우리나라에서는 볼 수 없다. 가장 큰 특징으로는 선괴불주머니와 가는괴불주머니 종자가 1배열이라면 눈괴불주머니는 2배열이라는 점이다.
국생종 도감정보에는 가는괴불주머니도 2배열이라 했지만 가는괴불주머니는 1배열이다.

식물에 관해서는 산림청 산하 국립수목원의 국가표준식물목록과 국가생물종지식정보시스템(국생종), 환경부 산하 국립생물자원관의 한반도의 생물다양성을 참고하지만 두 기관의 정보가 모두 정확한 것만은 아니다. 그만큼 그별이 어려운 것들도 많아서일 것이고, 달라지는 기후와 환경도 큰 몫을 할 것이다. 무엇이 되었든 맹신은 금물이다. 가장 중요한 것은 많이 접하고 많이 담아 토고 그 모든 정보들과 대입하다 보면 자연스레 맞춰지는 부분이 생기게 되고 내 것이 될 거라 생각한다.

툭 튀어나온 줄기 마디가 마치 소의 무릎을 닮았다 하여 이름 붙여진 쇠무릎(비름과 쇠무릎속)이다. 쇠무릎은 우슬이라 하여 무릎 관절염에 효과가 있다고 알려져, 관절염 치료제나 영양제로 나오기도 한다.
이 쇠무릎을 굳이 구
별하자면 잎에 털이 있는 털쇠무릎(비름과 쇠무릎속)이다. 쇠무릎에 비해 화서가 짧고 꽃이 조밀한 편이다. 우리가 만날 수 있는 대부분의 것은 털쇠무릎이 많다. ▲

싸리는 싸리지만 다른 싸리 종류들처럼 콩과가 아닌 대극과에 속하는 광대싸리(대극과 광대싸리속)다. 대극과의 특징답게 열매가 3조각으로 갈라지는 3실 구조를 하고 있는데 마치 눈·코·입을 찍어 놓은 것 같다.

광대싸리라는 이름은 잎이나 줄기가 싸리를 닮았지만 진짜 싸리도 아니면서 광대처럼 싸리인 척한다 하여 붙여진 이름이다. 광대싸리를 서수라목(西水羅木)이라 부르기도 하는데 조선 세종 때 여진족의 침입에 대비해 군사 요충지인 서수라를 지키기 위해 광대싸리로 화살을 만들었기 때문이다. ▲

꽃이 자잘해 눈길이 많이 가지 않는 광대싸리 꽃은 5~6월경에 개화한다. ▶

여름이면 싸리, 참싸리, 조록싸리, 땅비싸리 등을 흔하게 접할 수 있는데 이것은 기본형의 싸리(콩과 싸리속)다. 싸리는 꽃자루와 꽃차례 잎자루가 긴 것이 특징이다. ◀

싸리는 예로부터 쓰임새가 많았다. 줄기, 껍질은 섬유자원으로 쓰기도 했고, 빗자루를 만들어 써서 싸리비, 초가집 울타리를 싸리 줄기로 만들어 사립문(싸리믄)이라는 말도 생겼다. 싸리라는 나무는 몰라도 사립문이나 싸리비(싸리 빗자루)에 대해서는 많이들 들어 왔기 때문에 더 친숙한 이름이다.

참싸리(콩과 싸리속)다. 남한산성에 참싸리가 많이 보인다. ▶
싸리는 꽃차례와 꽃자루가 긴 편이라면, 참싸리는 꽃차례가 짧고 꽃자루가 거의 없이 잎겨드랑이에 바짝 붙어 꽃을 피운다는 차이점이 있다.
꽃이 피지 않은 아래쪽 잎자루는 길어 싸리와 비슷해 보일 수도 있다.

조록싸리(콩과 싸리속)다. ▼
싸리나 참싸리 잎은 계란형, 타원형으로 둥근 편이라면 조록싸리는 잎이 길쭉하고 끝이 뾰족해 구별이 된다. 전초에 털이 많은 것을 털조록싸리로 구별한다.
잎을 손으로 훑으면 조로록 소리가 나서 조록싸리라는 설도 있고, 제주나 남도의 도서지방에서 자라는 조록나무 잎을 닮아 붙여졌다는 설도 있다.
남부지방 고산에서 자생하는 검나무싸리에 대해서는 가야산 편에 실었다.

비 내리는 날 신으면 딱일 것 같은 장화 닮은 활량나물(콩과 연리초속)이다. ▼
비슷한 노랑갈퀴보다 꽃도 잎도 열매도 크고, 덩굴로 퍼져 가는 덩굴손이 있고 가지가 분지하는 곳에 잎 같은 탁엽(턱잎)이 있는 것도 특징이다.
열매 꼬투리는 노랑갈퀴보다 더 길고, 줄기 끝으로 2~3가닥으로 갈라진(마치 얍삽하게 구부러진 콧수염 같은^^) 덩굴손도 보인다.

황색으로 피는 꽃이 활량나물과 비슷해 착각하기 쉬운 노랑갈퀴(콩과 나비나물속)다.

중부 이북, 주로 강원도 심산지역에 자생하는 노랑갈퀴는 우리나라 특산식물로 잎이 물결처럼 쭈글쭈글하고 잎끝이 뾰족한 것이 특징이다. 노랑갈퀴는 덩굴손이 흔적만 남아 있으니 실질적으로 없다고 보면 되고, 열매 꼬투리도 활량나물보다 작다. ▲

남자에게 좋다고 알려진 야관문이라고 들어 봤는가. ▼
성기능 강화, 피로회복, 면역력 강화 등에 효능이 있다 하여 차를 끓여 마시거나 술을 담그는 TV 프로그램들도 종종 보게 된다.
밤의 문을 열어 준다 하여 야관문이라 불리는데 진짜 이름 비수리(콩과 싸리속)다.

비수리에는 비수리, 땅비수리, 호비수리, 청비수리, 자주비수리가 있다.
비수리 중에 남한산성에는 잎 측맥에 그물맥이 뚜렷하게 드러나는 땅비수리가 몇 개체 자라고 있다. 그냥 비수리는 잎이 땅비수리에 비해 좁고 작고 더 빽빽하게 달리는 편이다.

담배풀속 중에 화관이 가장 큰 것은 여우오줌 그다음이 이 좀담배풀(국화과 담배풀속)이다. ▲
꽃으로는 왜 좀이라는 접두사가 붙었는지 의아한 녀석이지만 잎이 담배풀보다 작아 붙은 이름으로 추정된다.

작은 꽃들이 다닥다닥 붙은 모습만 봐서는 오히려 좀담배풀보다 더 좀스럽게 느껴지는 그냥 담배풀(국화과 담배풀속)이다. 담배풀이라는 이름은 꽃 모양이 옛날 담뱃대를 닮아 유래했다. 잎도 담배를 만들던 그 잎을 닮았다. ▶

붉게 익어 가는 백당나무(인동과 또는 산분꽃나무과 산분꽃나무속)다. ▼

백당나무는 연말연시 '사랑의 열매' 모티브가 된 열매다. 열매는 점차 붉게 익는다. 백당나무라는 이름은 흰 꽃이 피었을 때 가지 끝마다 흰 꽃 두름이 작은 단을 이루는 것 같아 처음에는 백단나무로 불리다가 백당나무가 되었다.

5~6월 꽃이 폈을 때의 백당나무다. ▶
가장자리의 큼지막한 흰 꽃은 진짜 꽃이 아닌 가짜 꽃 무성화(헛꽃, 장식화)고 안쪽으로 황록색의 자잘자잘한 것이 암·수술이 있어 수정을 할 수 있는 진짜 꽃, 유성화다.
무성화가 안쪽의 진짜 꽃을 위해 새하얗게 피어서 벌과 나비를 유혹하는 역할을 한다.

** 백당나무 및 산분꽃나무속 식물들이 산림청 국가표준목록에서는 인동과에, 환경부 국립생물자원관에서는 산분꽃나무과로 분류하고 있다.

어느새 딱총나무(인동과 딱총나무속) 열매도 탐스럽게 익어 간다. ▲
옛사람들은 뼈가 부러지거나 어긋날 때, 딱총나무 가지를 태워 가루를 내서 식초와 섞어 환부에 발라 치료했단다. 뼈를 잘 붙게 해 주는 나무라 해서 접골목이라는 이름으로 많이 불려 왔다. 같은 딱총나무속의 지렁쿠나무, 덧나무, 말오줌나무는 흡사해 혼동될 수 있지만 그것들은 특정 지역에서 만날 수 있고 대부분 내륙의 산중에서 볼 수 있는 것은 딱총나무가 많다.

꽃이 피었던 딱총나무의 5월 모습. ▶

남한산성에는 양지바른 곳에 딱지꽃(장미과 양지꽃속)이 많이 피어난다. ▼
얼핏 양지꽃 식구들과 비슷해 보이지만 잎이 날개 깃꼴 모양으로 깊게 갈라져 차

이를 보인다. 굵은 뿌리에서 여러 개의 줄기가 모여나고, 들이나 강가 바닷가 어디라도 잘 자라는 편이다. 줄기와 잎이 바닥에 포복하여 퍼져서 자라는 모습이 딱지를 연상시킨다 하여 붙여진 이름이다.

좀꿩의다리(미나리아재비과 꿩의다리속) 꽃은 아주 자그마하지만 키는 상당히 커서 1m를 훌쩍 넘기는 것이 많다.
'좀'이라는 접두사는 꽃이 꿩의다리보다 자잘자잘 작고, 흰색 꽃을 피우는 꿩의다리에 비해 누런색으로 피는 게 좀 떨어진다는 의미로 붙여졌다. ▲

으아리(미나리아재비과 으아리속)다. ▶

봄에 꽃을 피우던 외대으아리가 질 무렵 으아리가 꽃을 피운다. 잎 양면에는 털이 없고, 가장자리에는 톱니와 결각이 없고 달걀형이다.

이것도 으아리일까. ▲

얼핏 으아리와 비슷하지만 잎이 3출엽으로 2~3개의 결각이 있고 톱니가 깊은 사위질빵(미나리아재비과 으아리속)이다.

꽃잎이 더 길어 보이는 으아리와 달리 사위질빵은 꽃술이 더 길게 느껴진다.

사위질빵과 비슷한 할미밀망(미나리아재비과 으아리속)은 5월쯤에 개화를 해 시기적으로도 차이가 있다.

남한산성에는 비교하기 좋게 송장풀(꿀풀과 익모초속)과 속단(꿀풀과 속단속)이 같이 자라고 있다.

송장풀(좌측)은 가지를 거의 치지 않고 일자로 자라고 꽃도 속단보다 크다. 이 식물에서 송장 썩는 듯한 냄새가 난다 하여 송장풀이라는 이름이 붙여졌다.

그에 비해 속단(우측)은 가지를 많이 치고 꽃도 송장풀보다 자그마하다. 속단이라는 이름은 부러진 뼈를 이어 줘 골절을 잘 치료해 준다는 뜻에서 붙여졌다. ▲

박하(꿀풀과 박하속)다. ▲

박하는 주로 관상용이나 약용식물로 식재된 것을 주로 봤는데 남한산성 숲길에 박하가 자라고 있다. 보통 산길엔 산박하가 많다.

박하는 영어로 민트(mint)라 하는데 그리스신화에 나오는 지하 세계의 신(지옥의 신) '하데스'의 연인인 '민테'의 이름에서 유래하였다.

하데스가 요정(님프)인 민테와 바람이 났다는 얘기가 하데스의 부인인 페르세포네 귀에까지 들어갔고 화가 난 페르세포네는 민테를 죽이게 된다. 민테가 죽은 곳에 풀이 자라났는데 그 잡초를 알아본 하데스가 밟으면 밟을수록 그윽한 향기가 더 진해진다는 민트(박하)로 변신시켰다는 이야기다.

산박하(꿀풀과 산박하속)다. ▲

산박하는 박하처럼 박하향이 나지 않는다.

산박하는 박하보다는 오리방풀이나 방아풀과 많이 닮았다. 산박하의 꽃술은 꽃잎 밖으로 튀어나오지 않아 방아풀과 구별이 되고, 잎끝이 길게 튀어나오지 않아 오리방풀과도 구별이 된다.

얼핏 꽃이 연한 홍색을 띠어 두 개체가 비슷해 보일 수 있다. ▲
잎이 3~5가닥으로 깊게 갈라지는 쥐손이풀(쥐손이풀과 쥐손이풀속)과 세 잎 중 가운데 잎이 유독 큰 세잎쥐손이(쥐손이풀과 쥐손이풀속)다.
쥐손이풀이란 이름은 잎 모양이 쥐 손바닥(발바닥)을 닮아 붙여졌다.

** 쥐손이풀속은 종류도 많고 비슷비슷해서 혼동하기가 쉽다.
많은 쥐손이풀속 중에 저지대 숲에서 많이 접하는 흰이질풀과 쥐손이풀은 흡사해서 헷갈릴 수 있다.
흰이질풀은 하나의 꽃대에 2~3개 정도의 꽃이 피는 반면 쥐손이풀은 보통 긴 꽃대 위로 하나씩 꽃이 달리고, 아래쪽으론 2개의 꽃자루가 갈라져 각각 1개씩 달리는 편이다.
흰이질풀은 줄기의 털이 옆을 향하고 쥐손이풀은 털끝이 아래를 향하는 특징을 가지고 있다.
쥐손이풀 꽃잎에는 보통 줄무늬가 3개라면, 흰이질풀 꽃잎에는 줄무늬가 5개씩 보이는 특징이 있다고 하지만 다 그런 것도 아니니 복잡한 쥐손이풀속이다.

그런 특징들로 미루어 보면 이것은 흰이질풀(쥐손이풀과 쥐손이풀속)이 맞다.
가장 큰 특징으로는 하나의 꽃대에 꽃이 2개 정도 달리고, 줄기엔 옆을 향한 털이 밀생한다.
흰이질풀이라 하여 완전한 흰색만 있는 것이 아니라 쥐손이풀처럼 연한 홍색을 띠는 것들도 있다. ▶

성벽 틈틈이 거미고사리(꼬리고사리과 꼬리고사리속)가 자라고 있다. 잎 뒷면에 포자낭이 붙은 모습도 확인이 된다. 길게 뻗은 모습이 마치 거미의 긴 다리를 연상시켜 붙여진 이름이다. 바위나 나무에 착생해 살아가는데 주로 석회암 지대에 많이 서식한다. 거미고사리는 얼핏 일엽초(산일엽초 포함)와 비슷해 착각할 수도 있다. ▲

바위나 나무에 붙어 자라고, 이끼류와 비슷한 환경을 좋아하는 산일엽초(고란초과 일엽초속)다. ▲

302

일엽초는 주로 제주에 서식한다면 산일엽초는 전국 산지에서 흔하게 볼 수 있다. 우리가 산행 중 보는 것은 대부분 산일엽초다.
일엽초의 잎은 두툼하다면, 산일엽초는 얇은 편이다.
일엽초는 잎의 폭이 좁고 근경에 붙는 잎의 간격이 빽빽하게 난다면, 산일엽초는 잎의 폭이 넓고 잎의 간격이 성글게 나는 편이다.
일엽초의 포자낭군은 대형으로 많이 커진다면, 산일엽초 포자낭군은 일엽초에 비해 그렇게 커지지 않는다.

제주에서 담은 일엽초(고란초과 일엽초속)다. ▲
일엽초는 산일엽초보다 전체적인 크기가 더 크고, 잎 뒷면의 포자낭군이 대형이고 잎자루가 짧고 조밀하게 모여나는 편이다.

백선(운향과 백선속) 열매다. ▲

키는 90㎝까지도 자라고 운향과에 속한 대부분이 나무인 데 비해 백선은 유일하게 초본(풀)인 점도 주목하게 된다.

꽃차례와 꽃자루에 기름구멍(선점)이 많아 강한 향, 역한 냄새를 내기도 하는데 항균과 항염 작용으로도 효능이 있어 유용한 식물로 알려져 있다.

백선이라는 이름은 희고 선명하다는 뜻으로 뿌리껍질은 백선피라 하고 뿌리를 봉삼이나 봉황삼이라 하여 약재로도 많이 알려져 있다 보니 남획이 되기도 한다.

5~6월 꽃이 폈을 때의 백선(운향과 백선속)이다. ▶

꽃잎은 5장이고 흰색에 가까운 연한 홍색이고(또는 흰색), 꽃잎엔 실핏줄 같은 붉은색 줄무늬가 인상적이다.

풀(초본)로 보이지만 줄기 아래는 목질로 되어 있다. 겨울에도 줄기가 죽지 않고 다음 해에도 새싹을 돋아 내므로 우리나라 쑥 종류 중에 유일하게 나무(목본)로 구분하는 낙엽활엽관목인 더위지기(국화과 쑥속)다.

더위지기란 이름은 생소할 것이다. 그렇다면 인진쑥은 많이들 들어 봤을 것이다. 인진쑥으로 통용되어 불리는 바른 이름이 더위지기다. 무더운 여름철 더위를 지켜 준다 하여 더위지기라는 이름이 생겼다. ▲

연보라가 아름다운 꽃, 까실쑥부쟁이(국화과 참취속)와 새콩(콩과 새콩속)이다. 무더위에도 가을을 느끼는 꽃 까실쑥부쟁이는 잎 양면에 털이 많아 까실거리는 느낌 때문에 붙여진 이름이다.

새콩이라는 이름은 생김새가 콩과 비슷하지만 재배하지 않는 식물을 구분하기 위해 앞에 '새'를 붙였다. ▲

성곽을 끼고 걷는 성벽길 주변에 등골나물(국화과 등골나물속)이 많이 자라고 있다. 등골나물이라는 이름은 이 풀을 반쯤 말리면 등꽃 향기가 나서 붙여졌다는 설과

잎맥에 사람의 등골처럼 고랑이 있어 붙여졌다고도 한다.
습지에 주로 자라고 잎에 3맥이 뚜렷한 골등골나물(엽병 없음), 잎에 다소 두껍고 잎의 톱니가 결각진 벌등골나물(엽병 짧음), 잎의 거치가 불규칙적으로 깊고 가운데 잎이 세 갈래로 갈라지는 향등골나물(엽병 있음) 등이 있다. ▲

** 엽병이란, 잎몸을 가지나 줄기에 붙게 하는 꼭지 부분을 말하는 것으로 잎자루와 같은 뜻이다.

서양등골나물(국화과 서양등골나물속)이다. ▶
어찌나 번식력이 좋은지 한 해 한 해 개체수가 폭발적으로 늘어난다 느끼는 생태계교란종이다. 북아메리카 원산의 귀화식물로 외래종의 유입에 초기대응이 잘 못된 것인지 아무튼 길가나
하천 변, 산기슭 할 것 없이 퍼져 가고 있다.
처음엔 서울과 경기도에 분포하다가 이제는 전국에 자릴 잡았으니 그 번식력에 놀라울 따름이다.

물봉선(봉선화과 물봉선속)과 노랑물봉선(봉선화과 물봉선속)도 성벽 아래로 가득 피어났다.

물가를 좋아하는 봉선화라는 뜻으로 반그늘이나 그늘진 곳, 습한 주변에서 잘 자란다. 꽃 끝이 다슬기나 고동처럼 돌돌 말리는 특징이 있다. ▲

2m까지도 훌쩍 자라니 큰 키를 주체하지 못하고 휘청거리는 눈빛승마(미나리아재비과 노루삼속)다. 비슷한 눈개승마(장미과 개승마속)는 5월쯤에 개화를 하니 시기적으로도 차이를 보인다. ▼

꽃이 작아 꽃 같지 않지만, 올망졸망 은근 귀여운 들깨풀(꿀풀과 쥐깨풀속)이다. ▲
연한 자주색으로 피지만 요즘은 흰색의 들깨풀도 종종 만난다.

들깨풀 잎엔 얕은 톱니가 6~13쌍 이상이라면, 쥐깨풀은 깊은 톱니가 3~6쌍 정도로 잎의 톱니 수가 적은 편이다.

들깨풀은 꽃차례 바로 아래의 잎엔 잎자루가 거의 없고, 화서와 줄기에 백색의 잔털이 많다.

반면 쥐깨풀은 꽃차례 바로 아래의 잎에도 잎자루가 있고, 줄기에 아래를 향한 짧은 털이 조금 있고 화서에는 털이 없다.

변이가 많은 세상이니 흰색 꽃을 피우는 닭의장풀(닭의장풀과 닭의장풀속)도 종종 만나게 된다.

들어차는 햇살이 있어서인지 오늘따라 흰색의 닭의장풀이 더욱이나 아름답게 보인다.

국가표준식물목록에 흰닭의장풀이라 따로 등재되어 있지는 않다.

그러니 흰닭의장풀이 아닌 흰 닭의장풀 또는 흰색 닭의장풀이라 띄어 써야 맞다. 닭의장풀이라는 이름은 닭장 주변에서 잘 자라는 풀이라 해서 붙여졌고, 꽃 모양이 닭의 벼슬을 닮아서라는 설도 있다.

기본형인 하늘색(파란색) 닭의장풀은 꽃잎 3장중에 위의 두 개는 하늘색 꽃을 피우고, 아래쪽 1개의 꽃잎은 무색이다. 그래서 2장처럼 보이기도 한다.

애기닭의장풀은 꽃이 훨씬 더 작고 연한 하늘색(또는 연분홍빛이 나는 하늘색)을 띤다. 줄기와 잎, 포엽에도 털이 있고, 잎은 좁은 피침형인 개체를 좀닭의장풀(닭의장풀과 닭의장풀속)로 구별한다. ▲

남한산성의 보물 같은 들풀꽃들

병아리라는 이름이 들어간 식물명은 하나같이 작고 귀여워 붙여진 이름이 많다. 필자처럼 일반 번들렌즈로는 사진에 담기 까다로운 병아리풀(원지과 원지속)이다. 워낙 작아 꽃의 구조가 제대로 구별이 되지 않아서다. 확대해 보면 병아리처럼 안쪽으로 노란색 알을 품고 있다. 용궐꽃잎이라는 것이다. 남한산성이나 평창의 대덕사 계곡처럼 야생화 출사를 다니는 사람들에게 언젠가부터 사랑받는 꽃이 되었다. 작아서 귀여운 것도 있거니와 그 자생지에는 귀한 백부자와 더불어 희귀한 식생들을 접할 수 있어서이기도 하다. ▼

병아리풀

남한산성에서 볼 수 있는 애기물꽈리아재비(현삼과 물꽈리아재비속)다. ▲
꽃의 지름도, 꽃자루도, 꽃받침 길이도 물꽈리아재비에 비해 짧아 애기물꽈리아재비가 되었다. 잎의 톱니는 물꽈리아재비에 비해 깊고 많다.
애기물꽈리아재비는 남한산성과 경기를 포함한 전국의 몇몇 자생지들이 있어 적색목록 준위협에 평가되어 있다. 물꽈리아재비는 약관심이다. 보통 6월부터 9월까지도 꽃 핀 모습을 볼 수가 있다.

물꽈리아재비(현삼과 물꽈리아재비속)다. ▶

물꽈리아재비는 애기물꽈리아재비에 비해 꽃자루가 길고 잎의 톱니는 드문드문 깊지 않다.

물꽈리아재비라는 이름은 물이 있는 습지를 좋아하고 열매를 맺었을 때 꽈리와 닮았다 하여 붙여졌다.

 전국적으로 흔하고 흔한 무릇이지만 남한산성에는 홍자색(분홍색) 꽃이 피는 일반적인 무릇(백합과 무릇속)과 흰무릇(백합과 무릇속)이 함께 자라는 진귀한 장면도 만나게 된다.
 도감 정보에 의하면 흰무릇은 수원 근처에서 서식한다고 되어 있지만 전북과 경남 쪽에서도 만난 적이 있다. 도감은 옛 자료들이 많아 빠르게 진화하고 변이되는 이 아이들을 따라잡지 못할지도 모른다. 그래도 흰무릇은 전극적으로 2~3군데에서 본 것이 전부다.
 무릇은 '물옷'에서 변한 말로 물 위, 물기가 있는 땅에서 자란다는 뜻이다. ▲

꽃은 다 졌으리라 기대 없이 나선 길, 대부분이 열매로 변했지만 감사하게도 지지 않은 꽃들이 더러 보인다.

주로 중부 이북, 경기와 강원도 일부 고산에서 서식하는 큰제비고깔(미나리아재비과 제비고깔속)이다. 대표적인 자생지가 남한산성이기도 하다.

북한의 북부지방에서 서식하는 제비고깔(미나리아재비과 제비고깔속)보다 크다 하여 큰제비고깔이 되었다.

꽃잎처럼 보이는 보라색은 꽃받침이고, 안쪽으로 까만색 제비 같은 것이 꽃잎 2장으로 구성되어 있다. 꽃이 피기 전에는 올챙이를 닮기도 했다.

제비고깔은 제비와 고깔의 합성어로 안쪽의 꽃 모양이 제비를 닮았고, 꽃받침은 끝이 뾰족한 고깔모자처럼 생겨 붙여진 이름이다. 꽃 안쪽을 들여다보니 정말 제비 한 마리가 들어앉아 있는 것만 같다.

서양에선 돌고래와 비슷하다 하여 학명에 델피니움(델피늄)이 붙었다. 많이 들어 봤을 것이다. 델피니움이라 하여 다양한 품종을 만들어 내는 원예종 꽃이 제비고 깔 그것이다.

2012년 개정 희귀식물에는 취약종에, 2022년판 적색목록에는 준위협에 들어 있을 만큼 찾아가야 만날 수 있는 희귀종이다. 열매는 투구꽃과도 닮았다. ▲

성곽과 간간이 들어오는 햇살에 아름답기 이를 데가 없다. 남한산성에 개체수가 많은 자주조희풀(미나리아재비과 으아리속)이다. ▲ ▶
병조희풀이 백두대간이나 높은 산지에 자생하는 반면, 자주조

희풀은 경기와 강원권에서 상대적으로 낮은 산의 중턱에서 만나게 된다.
조희는 종이의 방언으로 자주색 꽃이 피는 조희(종이) 같다 하여 붙여진 이름으로 추정된다.

이것이 병조희풀(미나리아재비과 으아리속)이다. ▶
자주조희풀 꽃이 큼지막하고 화사하지만 개인적으로 병조희풀을 더 좋아한다. 자그마한 꽃과 노란 꽃술이 얼마나 사랑스러운지 모른다.
병조희풀은 자주조희풀처럼 꽃잎이 완
전히 뒤로 넘어가지 않고 끝만 살짝 뒤로 젖혀진다.
자주조희풀처럼 자주색(보라색, 하늘색) 꽃을 피우지만 꽃이 병 모양으로 잘록 들어가 호리병 같아 붙여진 이름이다. 자주조희풀이나 병조희풀이나 이름에 풀이 들어가 얼핏 초본(풀)으로 생각할 수 있지만 낙엽활엽관목이다.

** 참고로, 관목과 교목의 차이에 대해 알아보자.
관목은 보통 사람 키와 비슷하거나 작게 자라고, 원줄기와 가지의 구별이 분명하지 않고 밑동에서부터 가지를 많이 치는 나무, 즉 쉽게 생각해서 키 작은 나무를 말한다. 진달래, 무궁화, 싸리, 개나리, 수수꽃다리(흔히 라일락이라 쿠르는 종) 등이다.
교목은 줄기가 굵고 줄기와 가지의 구분이 뚜렷한, 즉 키 큰 나두를 말한다. 소나무, 느티나무, 단풍나무, 은행나무, 굴참나무 등이다.

꽃이 진 청닭의난초(난초과 닭의난초속)가 아직도 형체 그대로 남아 주었다. ▲
남한산성 야생화 탐사를 다녀도 이 청닭의난초 여부를 알지 못하는 이들도 많이 있다. 꽃 같지 않은 자태며 꽃 색 때문에 눈에 띄지 않아 그저 잡초라 취급하고 지나칠 수 있기 때문이다.

7월 초중순경, 청닭의난초(난초과 닭의난초속) 꽃이 핀 모습이다. ▲
청닭의난초 존재를 알고 들여다봐야 그제야 꽃이 피었다는 것을 인지하게 된다.
청닭의난초는 주로 중북부, 주변 습도가 높고 부엽질이 많은 반그늘에서 자생하고 있다. 전초는 약 50㎝, 꽃은 20~30개가 긴 꽃대에 어긋나게 연한 녹색으로 핀다.
닭의난초는 꽃 모양이 닭의 볏이나 머리 또는 닭의 부리를 닮다서 이름 붙여졌고, 꽃이며 전초가 청색으로 핀다 하여 청닭의난초가 되었다.
자세히 들여다보면 얼핏 닭대가리를 닮은 듯도 하고, 닭의 느낌이 나기는 한다.
2012년 희귀식물엔 위기종으로, 2022년판 적색목록에는 준위협에 들어 있을 만큼 자생지 이외에 일반 산행 때는 쉬 접하기 어려운 여러해살이풀이다.
관심을 가지고 보면 남한산성에 의외로 많이 자라고 있다.
닭의난초속에는 닭의난초, 청닭의난초, 임계청닭의난초가 있다.

큰찡의비름

남한산성 하면 절대 빼놓을 수 없는 대표적인 야생화 큰꿩의비름(돌나물과 꿩의비름속)이다. ◂

8월 말경부터 9월이면 남한산성 성벽엔 큰꿩의비름이 장관을 이루게 된다. 마치 별처럼 생긴 홍자색의 5장 꽃잎이 줄기 끝에서 산방 꽃차례를 이뤄 빽빽하고 풍성하게 모여 핀다. 잎은 마주나거나 돌려나고 두터운 육질을 지녔다.
꿩의비름보다 전체가 더 커서 접두사 '큰'이 붙었다.
성벽을 따라 군락을 이룬 큰꿩의비름은 남한산성 최고의 볼거리가 아닐까 싶다. 팁을 주자면 동·서·남·북 모든 성벽이 아닌 주 군락은 서문 쪽에 서식하고 있다. 큰꿩의비름뿐 아니라 다수의 야생화가 성벽 밖 쪽에 많이 자라고 있어 성벽 밖의 길도 살펴보면 좋다.

아무 수식 붙지 않는 기본형의 꿩의비름(돌나물과 꿩의비름속)은 큰꿩의비름과 달리 연한 홍자색(백색 바탕에 붉은색)을 띤다.
꿩의비름속에는 새끼꿩의비름, 세잎꿩의비름, 둥근잎꿩의비름도 있다.
꿩의비름이라는 이름은 꿩이 잘 다니는 길목에 피고, 꽃잎을 건드리면 비름(비듬)처럼 떨어진다 해서 붙여졌다는 설이 있다. 또 꽃이 쇠비름과 비슷하고 꽃대가 꼿꼿해 꿩의 다리와 비슷해서 붙여졌다는 설도 있다. ▸

백부자

남한산성의 귀한 야생화 하면 백부자(미나리아재비과 투구꽃속)가 대표적이다. ▲

키는 1m를 훨씬 넘기는 것들도 있어 연약한 가지가 바닥으로 쓰러지기도 한다.

꽃은 백색, 연노란색, 백색 바탕에 자주색(보라색) 등으로 피고, 잎은 어긋나기 하고 3~5개로 깊고 잘게 갈라진다. 투구꽃속의 식물답게 꽃은 독특하다. 꽃잎처럼 보이는 꽃받침 조각은 5개다. 꽃잎은 2장으로 고깔 모양(튀어나온 이마 쪽)의 꽃받침조각 안에 들어 있어 구분이 잘되진 않는다.

부자는 아주 오래전부터 뿌리를 약재로 쓸 때 부르는 이름이다. 뿌리가 백색을 띤다 하여 백부자가 되었다.

워낙 개체수가 적은 백부자다 보니 약초로, 희귀하다는 이유로 채취해 가는 빈도가 높은 대표적인 식물로 보호와 보전이 시급한 종이다.

환경부 지정 멸종위기 야생생물 2급이자 산림청 희귀식물엔 멸종위기종, 적색목록은 취약종으로 우리나라 특산식물인 백부자는 경기도, 강원도, 충북 일부에 몇 군데서 자생하고 있다.

예전엔 남한산성에 개체수가 꽤나 있었는데 이젠 한두 개체 간신히 피어나고 있지만 그것마저 내년을 기약하기 어렵다.

남한산성 측에서 멸종위기 야생생물 백부자라는 안내문을 세워 둔 자리는 깡그리 사라진 지 오래고 숨겨진 다른 곳에서 간신히 명맥을 유지하고 있다.

그렇지 않아도 잎이 올라오기 무섭게 사라지기 일쑤인 대표적인 식물인데, 관심을 갖지 않다가도 귀하다 하면 몰래 채취해 가는 사람이 있다는 걸 간과하신 건 아닌지 큰 아쉬움이다. 물론 산성 관계자분이 늘 상주해 관리가 잘된다면야 안내문이 얼마나 고마운 일이겠느냐만 말이다.

그리고 몇 년째 백부자가 피는 주변의 성곽 보수공사도 안타까운 일이 되었고 제초작업도 한몫을 하고 있다. 더군다나 사람들 왕래가 쉬운 도심에 가까이 있다는 것도 백부자를 위태롭게 만들었을 것이다.

내년에도 그 내년에도 큰 키를 휘날리며 남한산성의 대표 야생화가 될 만큼 번성했으면 좋겠지만 지금으로서는 부정적이다. 기적처럼 그 세를 확장해 나가길 소망한다.

이렇게 비가 보슬거리는 날의 남한산성도 운치 가득하지 않은가.
무엇보다 성곽과 산책로 주변엔 오래된 소나무 군락과 함께할 수 있어 가볍게 걸으며 기분 전환하기 그만이다.
남한산성은 잘 정비된 임도로 걸을 수도 있고, 성벽길, 숲길 등 다양하게 이용이 가능해 좋은 산책로이자 산행길이고, 역사 탐방과 야생화 탐방지라 할 수 있다.

교통편은 산성역 2번 출구에서 9번과 52번 버스를 타고 종점에서 하차하면 된다. 주말은 9-1번 53번 버스도 추가 운행된다(2024년 하반기 기준).

남한산성은 예전부터 백숙이 유명하고, 입구엔 분위기 좋은 카페나 음식점들도 많이 들어와 있어 드라이브나 데이트 코스로 많이 찾는 곳이기도 하다.

선선한 바람이 불어오는 요즘, 산책 삼아 가을향기 찾아 가볍게 들러 보아도 좋겠다.

풍경과 산행이 어우러진

멸종위기 야생화 탐방

한탄강
유네스코
세계지질공원과
주상절리길

한탄강은 강원도 평강군에서 발원하여 철원과 포천, 연천 도감포까지 약 140㎞를 지나는 강이다. 협곡마다 기암절벽과 하식애, 하식동굴이 발달되어 있으니 빼어난 자연경관은 물론 생태, 고고, 역사, 지구 과학적, 교육적으로도 가치가 높은 지질 명소다.

2015년 환경부에 의해 국가지질공원에 인증되었고, 2020년 국내 4번째로 유네스코 세계지질공원에 인증되었다.

한탄강은 기둥 모양의 주상절리와 물이 깎아 놓은 하식동굴이 대표적이다.

현무암협곡인 한탄강은 용암이 흘러 평원을 형성한 용암대지 위에 빗물이 스며들고 하천이 흐르면서 양쪽 벽이 깎여 나가 형성된 지형이다. 현무암은 기둥 모양의 주상절리가 잘 발달해 있어 절리면(암석의 틈)을 따라 수직으로 깎여 나가면서 깊은 협곡이 만들어지게 되었다.

재인폭포다. 한탄강에서 가장 아름다운 지형 중 한 곳인 재인폭포는 연천군의 최고 명소로 지장봉에서 흘러 내려온 18m의 물줄기가 현무암 주상절리 절벽으로

쏟아져 장관을 연출한다. 경기도 연천군 연천읍 고문리에 위치한 재인폭포에는 출렁다리(80m)며 데크 산책로까지 연결되어 연천과 한탄강을 찾는 관광객에게 빼어난 볼거리를 제공하고 있다. ▲

경기도 포천시 영북면 대회산리의 '비둘기낭폭포'다. ▲
옛날부터 이곳 동굴과 암석의 갈라진 틈(절리)에 비둘기들이 많이 서식했다 하여 비둘기낭이라는 이름이 생겼다. '낭'은 바위틈이나 동굴을 뜻한다.
전체 길이가 500m에 이르는 '한탄강 현무암 협곡과 비둘기낭폭포'는 상류에 작은낭폭포, 중간의 비둘기낭폭포, 그리고 4~6각의 기둥 모양으로 갈라지는 주상절리가 잘 발달한 협곡으로 이루어져 있다.
동굴과 절리, 가뭄에도 마르지 않는 물 그리고 절리에 자라는 식물들이 어우러져 뛰어난 경관을 이루게 되니 이 일대 지질과 지형 형성 과정을 알 수 있는 교육적·

학술적 가치가 높게 평가되어 천연기념물에 지정되었다.
비둘기낭폭포는 맑고 푸른 물이 협곡과의 신비로움을 자아내니 〈선덕여왕〉, 〈추노〉, 〈킹덤〉, 〈최종병기 활〉, 〈늑대소년〉 등 많은 영화와 드라마의 촬영 장소가 되기도 했다.

연천군 전곡읍 신답리에 위치한 한탄강 지질 명소인 좌상바위다. 한탄강이 굽이도는 곳에 자리하고 있다. ▲

** 한탄강 지질 명소는 재인폭포, 비둘기낭폭포, 직탕폭포, 삼부연폭포, 샘통(용혈수), 고석정, 소이산(철원 용암대지), 백리의총, 송대소, 전곡리 유적 토층, 아트밸리와 포천석, 지장산 응회암, 포천 아우라지 베개용암, 화적연 등이다.

한탄강 지질 명소 고석정(강원특별자치도 유형문화유산)이다. ▼
철원군 동송읍 한탄강 중류에 자리하고 있는 고석정은 정자를 칼하는데 양쪽이 절벽으로 이루어진 강가 고석정 바로 앞에 10m 높이의 고석 바위가 우뚝 솟아 풍취를 더한다.

지금의 정자는 한국전쟁 때 불탄 것을 1971년에 복원한 것이다. 고석정의 건립 시기에 대해서 정확하게 알려지지 않았지만 신라 진평왕과 고려 충숙왕이 여기에 머물렀다는 기록이 있고, 조선시대 의적이라 불렸던 임꺽정의 근거지로도 알려져 있다. 고석정 강 건너에는 임꺽정이 몸을 숨겼다는 동굴과 임꺽정이 성을 쌓던 돌의 흔적도 남았다 한다.

깎아지른 절벽과 계곡 풍광과의 어우러짐이 아름다워 순담계곡과 함께 고석정 일원을 기념물로 지정해 보호하고 있고 철원 9경 중의 하나로 꼽히기도 한다.

철원 승일교(국가등록문화재)다. ▲

승일교는 1948년 8월 북한이 착공하지만 완공은 1958년 12월 3일 남한이 하게 되는 독특하고 특별한 의미가 있는 다리다.

북한이 이 지역을 점거했을 때 지역 주민들을 동원하여 절반 정도 공사를 하였지만 한국전쟁으로 공사는 중단되고 수북 이후에는 남한이 다른 기법으로 완성하고 승일교라는 이름을 붙이게 되었다.

남한의 대통령인 이승만의 '승', 북한의 김일성의 '일'을 따서 붙였다고도 하고 한국전쟁 때 전사한 박승일 장군의 희생정신을 기리기 위해서 그의 이름 '승일'이라 지었다는 얘기도 전한다. 전자 후자 모두 일리가 있어 보인다.

현재 승일교는 보행자 전용으로만 쓰이고, 옆으로 주황색 다리인 한탄대교를 새로 개통해 차량이 통행되고 있다.

한탄강 하면 주상절리길이 유명하다.
한탄강 주상절리길은 한탄강을 따라 연천과 포천, 철원을 잇는 트레일 코스다.
2017년부터 본격적으로 한탄강을 공유한 세 지역에서 함께 개발해 온 것으로 총 길이는 120㎞가 넘는다. 물소리, 바람 소리와 더불어 지질 명소를 둘러보는 재미까지 더해져 한가롭게 걸으며 계절을 만끽할 수가 있다.
보통 주상절리길이라 하면 시설이 잘 완비된 철원의 주상절리길이 가장 유명하고 남녀노소 많이들 찾는 곳이다. 총 연장 3.6㎞, 폭 1.5m의 코스로 드르니매표소에서 순담매표소까지를 말한다.

순담에서 드르니까지는 한탄강의 대표적인 주상절리 협곡과 바위, 절벽을 옆에 끼고 잔도길을 따라 아찔함과 주변 절경을 두루 접할 수 있는 길이다.
한탄강에서 래프팅을 즐기는 모습들과 시원한 풍경은 덤이요, 무엇보다 잔도를 설치해 놓아 누구나 이용이 가능한 국민적인 관광지가 되었다.
물론 구멍이 숭숭 뚫린 잔도길 아래를 바라보노라면 정신이 아뜩해질 수도 있다. 그 스릴이 한탄강의 시원함을 극대화해 주는지도 모른다.
식생에 관심이 있다면 그 절벽 따라 피어난 분홍장구채에도 눈길이 갈 것이다.

입장료는 성인 1만 원이지만 5천 원은 지역상품권으로 되돌려줘 철원 관내의 식당, 카페, 마트, 재래시장, 택시 요금 등으로 사용이 가능하다.
드르니와 순담매표소에서는 셔틀버스도 운행하고 있어 처음 출발한 매표소로 이동이 가능하다. 주말과 공휴일에만 운영되고 있다.
주상절리길 휴무일은 매주 화요일, 1월 1일, 추석과 설날 당일이다.
가장 많이들 찾는 계절은 겨울로, 얼음과 눈으로 뒤덮이는 1월경이면 '한탄강 얼음트레킹 축제'도 열려 한탄강 협곡의 비경을 즐길 수 있는 장이 열리기도 한다.
철원 한탄강에는 한여울길이 6코스까지 둘레길로 연결되어 있어 코스마다 주변 경치와 강가의 풍광을 즐기며 걸어 볼 수 있다.

한탄강이라는 이름은 클 한(漢), 여울 탄(灘)을 써서 '큰 여울이 있는 강'이라는 뜻이다. 김정호가 펴낸 《대동지지》에는 빠른 급류가 많아 '여울이 크다'는 뜻의 '대탄강'이라 불렀다.
궁예의 태봉국 폐망과 한국전쟁에서 수많은 사람들이 목숨을 잃어 한이 서린 강이라 하여 한탄강이라 한 것은 잘못 알려진 것이라 한다.

가장 많이들 이용하는 철원 한탄강 주상절리길을 대중교통으로 가려면 강남고속터미널이나 동서울터미널에서 신철원 가는 버스를 타고 신철원에서 택시를 이용하면 된다. 택시요금은 채 1만원이 나오지 않는 거리에 위치해 있다.

험지를 뚫고 꽃장포를 만나다

7월 초, 꽃장포를 보기 위해 찾은 한탄강에서는 꽃장포, 물레나물, 금꿩의다리, 고란초, 거미고사리, 산일엽초, 좁쌀풀, 곰딸기, 광대싸리, 큰까치수염, 꼬리조팝나무, 돌단풍, 석잠풀, 노루오줌, 물푸레나무, 으아리, 솔나물, 좀씀바귀, 비비추, 기름나물, 갈퀴나물, 물양지꽃, 개소시랑개비, 애기똥풀, 열매지의류 등을 만난다. 다른 탐방지에서 소개한 식생은 간단하게 그리고 웬만하면 겹치지 않게끔 몇몇만 소개하려 한다.

주인공 꽃장포를 보러 험지로 들어가는 길.
야생화라는 개념도, 예쁘다는 인식도 아닌 그저 길가의 흔하고 흔한 잡초 취급을 받는 아이지만 한 번쯤은 시간 할애해 담아 보자.
이 아이도 흔하지 않았다면 꽃장포나 분홍장구채 못지않은 대접을 받았을지도 모르는 일이다.

줄기를 잘라 보면 노란 진액이 나오는데 마치 애기의 똥 같다 해서 붙여진 이름 애기똥풀(양귀비과 애기똥풀속)이다. 전체에 분백색의 털이 많다. ▲

    나 서른다섯 될 때까지 애기똥풀 모르고 살았지요
    해마다 어김없이 봄날 돌아올 때마다
    그들은 내 얼굴 쳐다보았을 텐데요
    …

안도현 〈애기똥풀〉 중에서

가뭄이나 추위에도 강하고 생산력도 뛰어나 목초와 사료용으로 들어왔던 외래식물 자주개자리(콩과 개자리속)가 지금은 하천이나 도로변 등 높은 번식력으로 주변을 점령해 버린다.
그 옆엔 다른 식물을 감고 타는 환삼덩굴(삼과 환삼덩굴속)이 장악했다. 마치 불가사리처럼 단풍잎처럼 잎이 갈라진 것이 환삼덩굴인데 거친 갈고리 가시가 있어 다른 물체를 걸고 올라타기 용이하다. 이름은 몰랐지만 우리 어렸을 때도 집 앞

개울 주변에 환삼덩굴이 자라고 있어 만져 본 기억이 있는데 거칠어 피하고 싶던 덩굴이었다. ▲

보통은 산중에서 보던 물레나물(물레나물과 물레나물속)을 강가에서 만나니 새로운 느낌이다.
꽃도 큰 데다 노란 꽃잎과 붉은 꽃술이 화려하기 이를 데 없다. 많은 수술들 가운데 5가닥으로 갈라진 암술머리가 돋보인다. 마치 바람개비나 물레가 도는 것처럼 비틀어져 있어 물레나물이라는 이름이 붙여졌다. ▲

보라와 청색(벽자색)으로 열매를 맺을 때에만 그나마 눈길을 주다가 자그마한 꽃을 유심히 들여다본 것은 거의 처음이다. 어디에서나 잘 자라는 개머루(포도과 개머루속)다. 연한 녹색의 꽃은 5장으로 자세히 보니 그것 나름 귀여운 맛이 있다.
야생에서 보는 머루 종류는 대부분 가머루가 많다. 아

무 수식 붙지 않는 머루는 제주와 울릉도에서만 서식하고 내륙에서는 볼 수가 없다. ▲

개머루(포도속 개머루속) 열매다. ▲

이곳에서 만날 거라 생각을 하지 못해서일까. 마치 거저 얻은 스확처럼 반갑다. 화사한 색감에 주변이 다 밝아지는 금꿩의다리(미나리아재비과 꿩의다리속)다. 금꿩의다리 가지가 똑바로 서 있질 못해 꽃이 아래로 늘어져 있다.
금꿩의다리는 꿩의다리 중에 노란 황금색 꽃술을 가져 붙여진 이름이다.
금꿩의다리는 선자령 편에도 소개를 하지만 그 느낌이 선자령과 사뭇 다르고 색감이 고와 한 번 더 소개한다. 개인적으로 좋아하는가 보다. ▲

잎이 솔잎처럼 생겨 이름 붙여진 솔나물(꼭두서니과 갈퀴덩굴속)이다. ▲
한라산 고지대에 올라가면 아주 자그마한 애기솔나물(꼭두서니과 갈퀴덩굴속)도 볼 수 있다.

군데군데 붉은 꽃이 만발하였다. 멀리서 보고는 무슨 꽃이 피었는지 다가가게 된다. 붉은 줄기와 가시가 특징인 곰딸기(장미과 산딸기속)다.

국가표준식물목록에는 곰딸기로 등재되어 있고 비추천명을 붉은가시딸기라 하였지만, 국립생물자원관에서는 곰딸기를 붉은가시딸기(장미과 산딸기속)로 정리했다. 두 기관이 협력하고 하나로 맞추는 노력을 하면 안 되는 것인지 개운하지는 않은 일이다.

오랜만에 몇 알 따서 입안에 넣어 본다. 잘 익어 그런 것인지 생각보다 달콤하다. 산딸기나 멍석딸기보다는 텁텁함이 덜하다는 느낌이다. ▲

높은 절벽에 자라고 있어 사진으로 담기가 까다로운 고란초(고란초과 고란초속)다. 얼핏 일엽초나 산일엽초, 거미고사리 등과 닮았지만 포자낭군이 가장자리가 아닌 중록 양쪽으로 배열된 것을 확인할 수가 있다.

일엽초와 산일엽초, 거미고사리에 관해서는 남한산성 편에 실렸다. ▲

습한 돌과 바위가 주 서식처. 그리고 단풍잎을 닮아 이름 지어진 돌단풍(범의귀과 돌단풍속)도 벌써 붉게 물들고 있다. ◀

주변 바위엔 돌단풍이 뒤덮였으니 오늘의 주인공인 꽃장포도 근처에 있을 거라는 확신을 하게 된다.

그러나 꽃장포는 워낙 작은 개체이기 때문에 무심코 지나칠 수도 있거니와 험한 바위 절벽에 붙어 자라기 때문에 유심히 살펴야 볼 수가 있다.

모기와 벌레에 물려 가며 길인지 아닌지 밀림 같은 강가 습지를 헤치고 큰 바위벽을 지나다가 잠깐 멈춰 둘러보니 그 자리에 점 같은 흰 꽃들이 보인다.

꽃장포

꽃장포

단지 이 아이 하나만을 위해 7월의 한탄강을 찾았다 하여도 과언이 아니다. ▲ 알아야 보이는 꽃. 관심을 가져야 내게로 오는 꽃. 꽃장포(백합과 꽃장포속)다.

하나를 보고 나면 그제야 주변의 것들도 보이기 시작한다.
바위 절벽에서는 동굴 안처럼 물이 뚝뚝 떨어진다.
꽃장포는 습한 바위나 그 주변에 자라는 여러해살이풀로 전체적인 크기가 작은 것은 5~10㎝, 큰 것은 20~30㎝까지도 자란다.
바위벽에 붙은 것은 아무래도 좀 더 작고, 그나마 흙에 뿌리를 내린 개체들은 좀 더 풍성하고 크게 자라고 있다.
한탄강의 꽃장포는 6월 말~7월 초순경에 개화하는데, 줄기 끝에 흰색 꽃이 총상꽃차례로 성글게 달리고 화피(꽃잎과 꽃받침을 모두 이름) 열편은 6장으로 깊게 갈라진다. 수술도 6개로 화피와 길이가 비슷해 얼핏 꽃잎인지 수술인지 잘 구별이 안 되기도 한다.
별처럼 반짝이는 흰 꽃은 물론이고 무엇보다 만개하기 전, 좌우로 편평하고 굽은 선형의 잎도 사랑스럽기만 하다.
줄기는 곧게 서기도 하지만 옆으로 휘거나 아래로 처지는 경우가 많다.

** 화피란 꽃받침과 꽃부리(꽃 한 송이의 꽃잎 전체)를 통틀어 부르는 말로, 화피편이라 해서 꽃잎과 꽃받침이 구별되지 않는 경우를 말하기도 한다.

꽃장포는 경기와 강원도 이북의 고산습지에 자생한다. 하지만 알려진 곳은 대암산과 여기 한탄강이 거의 유일하다.
개체수가 매우 적고 북방계식물로의 보존가치가 커서 멸종위기 범주인 적색목록 위기에 평가되어 있는 귀한 종이다.
이 아이를 자생에서 보기 위해서는 풀숲을 헤치며 긁히고 모기와 벌레에 굴하지 않고서야 어렵게 대면할 수가 있다.
그나마 남은 개체들도 어떤 경로로든 크고 작은 수목원과 식물원으로 옮겨 가거나 석부작을 만들기 위해 몰래 캐어 가는 경우가 많아 사람이 접근하기 어려운 곳 위주로 간신히 남아 살아가고 있다.
행여 수목원 등에서 필요에 의해 채취해 갔더라도 그 자생지에 복원해 놓으려는 노력도 아끼지 않았으면 좋겠다.

자그마하고 청초한 데다 난처럼 날렵한 잎까지 사랑스럽다 보니 분재를 취미나 업으로 하는 사람들에게는 눈독을 들이게 하는 대상이 되었을 것이다.

이번 탐방 시에도 산책로 주변에서 그나마 쉽게 볼 수 있었던 꽃장포 몇 촉을 잠시 후 다시 왔을 때 그 짧은 순간에 채취해 간 일도 있어 안타까움을 자아내기도 했다.

사람의 손이 닿지 않는 높은 바위 위의 꽃장포는 좀 더 풍성하게 꽃을 피운다.

그래, 인간의 손이 닿지 않고 오를 수 없는 높은 바위 절벽으로만 피어나거라.

현재 국가표준식물목록 꽃장포속에는 꽃장포 외에도 숙은꽃장포, 울릉꽃장포, 한라꽃장포가 있다.

숙은꽃장포는 석병산에, 울릉꽃장포는 울릉도에, 한라꽃장포는 한라산에 자생한다. 하나같이 개체수가 많지 않아 귀한 대접을 받고 있는 종들이다.

** 산림청 산하 국가표준식물목록에는 이 4종을 꽃장포속으로 분류하고 있지만 환경부 산하 국립생물자원관에서는 석장포속으로 분류하고 있다.

** 꽃장포라는 이름이 생소한 사람들도 많이 있을 것이다.

보통은 꽃장포라 하면 꽃창포로 알아듣는다. 필자가 언젠가 어느 글에 꽃장포 이야기를 했는데 독자 한 분이 꽃창포를 꽃장포로 잘못 썼다고 댓글을 남겨 주신 일도 있었다.

처음 꽃장포라는 이름을 만들 적에 착오가 있지 않았을까도 생각하게 된다. 예전엔 꽃장포를 석장포, 돌장포, 꽃창포라 부르기도 했으니 말이다.

꽃창포는 붓꽃처럼 붓꽃속이고, 꽃장포는 백합과 꽃장포속이다.

꽃창포는 붓꽃속에 속한 식물답게 붓꽃과 비슷하게 생겼다.

참고로 꽃창포(붓꽃과 붓꽃속)와 붓꽃(붓꽃과 붓꽃속)이다. ▶

꽃창포는 꽃잎 안쪽에 노란 무늬가 있다면 붓꽃은 꽃잎에 진한 호피 무늬(부채살 무늬)가 있어 구별된다. 대체로 습한 곳을 좋아하는 꽃창포와 달리 붓꽃은 산기슭 건조한 곳에서 서식한다.

붓꽃이라는 이름은 꽃봉오리 맺혔을 때의 모습이 먹을 묻힌 붓을 닮았다 하여 붙여진 이름이다. 꽃창포 역시 꽃봉오리가 붓꽃과 흡사해 붓꽃속에 속한다.
단옷날 머리를 감았다는 창포는 천남성과에 속한다.

꽃장포 하나에만 시선을 주다가 주변을 돌아본다.

레저로 유명한 한탄강답게 평일임에도 래프팅을 즐기는 사람들이 많다. 노 젓는 소리들이 우렁차다. 어린 학생들이 지나갈 때엔 때 묻지 않은 큰 소리로 인사를 건네기도 한다. 거친 바위에서 무엇을 찍고 있는지 호기심 어린 눈으로 시야에서 사라질 때까지 관심을 거두지 않는다. 나도 손을 흔들어 화답한다.

장마와 무더위로 사람도 식생도 지쳐 가는 요즘, 한탄강 가 바위절벽에 피어난 꽃장포의 단아함이 있어 이 계절도 그리 눅눅하지만은 않다.

훗날 다시 찾을 날에는 산책로 주변에서도 어렵지 않게 볼 수 있는 그런 소박한 들꽃이 되어 있으면 좋겠다.

멸종위기종 분홍장구채가 피는 계절, 주상절리길을 걷다

9월 초, 한탄강에서 만난 식물은 분홍장구채, 절국대, 털부처꽃, 돌콩, 새콩, 새팥, 덩굴팥, 단풍잎돼지풀, 닭의장풀, 무릇, 차풀, 수까치깨, 익모초, 산일엽초, 거미고사리, 도깨비바늘, 사위질빵, 이고들빼기, 산국, 기생여뀌, 흰여뀌, 매듭풀, 까실쑥부쟁이, 한련초, 덩굴별꽃, 며느리배꼽 등이다. 다른 편에서 많이 담지 않은 위주로 올리려 한다.

차풀(콩과 차풀속)이다. ▲
옛날에는 차(茶)가 충분하지 않아 이 차풀을 말려 차 대용으로 마셨다 하여 차풀이라는 이름이 생겼다. 차풀은 자귀풀과 비슷해 이름을 혼동할 수 있다.

꽃 안쪽에 붉은색이 선명하고 잎끝은 날카롭지 않고 둥그스름한 자귀풀(콩과 자귀풀속)이다. ▶

자귀풀은 잎이 자귀나무를 닮아 붙여진 이름인데 자귀나무는 마이산 편에 실렸다.

** 차풀은 꽃잎 5장의 진한 노랑이라면 자귀풀(콩과 자귀풀속)은 차풀에 비해 콩 모양(나비 모양)의 연노랑 꽃잎에 안쪽으로 붉은색이 들어간다.

군데군데 줄기며 꽃자루에 갈색을 띠는 차풀과 달리 자귀풀은 녹색의 줄기를 가지고 있다. 차풀 전초가 30~60㎝라면 자귀풀은 50~80㎝까지 자라 두 배 가까이 차이가 있다.

차풀 잎끝은 뾰족하다면 자귀풀 잎끝은 완만하고 오목한 편이다.

차풀이나 자귀풀 모두 수면운동으로 밤이 되면 깃꼴 모양의 잎을 접는다는 공통점이 있다.

꽃 뒤의 꽃받침이 뒤로 발라당 젖혀지는 수까치깨(피나무과 까치깨속) 그리고 수까치깨보다 꽃이 작고 꽃받침이 뒤로 젖혀지지 않는 까치깨(피나무과 까치깨속)다.

수까치깨는 까치깨 중에 가장 쉽게 접할 수 있다.
수까치깨 암술 끝이 노랗다면, 까치깨 암술 끝은 붉은색을 띤다. 암까치깨는 우리나라에서 보이지 않아 존재 자체에 대해서 의구심을 갖는 견해들이 많다. ▲

가을철, 숲을 걷다 보면 옷 여기저기 들러붙는 귀찮은 존재들이 몇 있는데 이 도깨비바늘(국화과 도깨비바늘속)도 큰 몫을 한다. ▲
열매는 바늘 모양으로 익는데 그 끝에 3~4개 가시 모양으로 갈라져 옷이나 동물의 털에 달라붙게 된다. 도깨비처럼 한번 들러붙으면 잘 떨어지지 않아 도깨비바늘이라는 이름을 얻게 되었다. 멀리 씨앗을 퍼트리려는 생존 방식이다.
도깨비바늘속에는 도깨비바늘, 울산도깨비바늘, 털도깨비바늘, 왕도깨비바늘, 가막사리, 미국가막사리, 구와가막사리 등이 있다.

도깨비바늘은 잎의 변이도 심해 털이 있는지 설상화가 몇 개냐에 따라 이름이 달라진다. 기본형의 도깨비바늘은 보통 설상화가 1~3개 정도라면 털도깨비바늘은 0~5개, 울산도깨비바늘은 설상화가 없는 것이 특징이다.

나팔꽃에 비해 아주 작은 애기나팔꽃(메꽃과 나팔꽃속)이다. ▲
주변에는 진한 블루를 띠는 닭의장풀(닭의장풀과 닭의장풀속)도 가득 피어났다.
닭의장풀은 남한산성 편에 실었다.

야생에서 자라는 노란색 팥 종류는 구별하기가 까다롭다. ◀
잎과 전체를 같이 확인해야 하는 이유다. 잎이 넓은 난형인 새팥(콩과 동부속)이다. 넓은 난형인 새팥 잎은 가장자리에 결각이 나타나기도 하고 새팥은 꽃받침보다 포의 길이가 더 크다는 특징

도 있다. 좀돌팥은 꽃받침과 포의 길이가 비슷하고 잎이 좁은 피침형 또는 난형으로 가장자리에 결각이 거의 없다.

덩굴팥(콩과 동부속)이다. ▶
덩굴팥은 잎이 세 갈래로 결각이 지고, 잎이나 꽃차례가 더 크고 윗부분이 덩굴로 길게 뻗어 나가는 특징이 있고 줄기에 황갈색 퍼진 털이 많다. 그 특징에 딱 부합이 된다.

노란색 꽃을 피우는 것은 대부분 팥 종류지만 콩 종류 중에서는 유일하게 여우콩(큰여우콩 포함)만이 노란색 꽃을 피운다. 여우콩과 큰여우콩은 주로 남부 지방, 제주, 서해안에서 만날 수 있다.

부처꽃(부처꽃과 부처꽃속)이다. ▼

구별하자면 줄기와 잎 등 전체에 털이 밀생하는 털부처꽃(부처꽃과 부처꽃속)이다. 부처꽃 크기가 50~100㎝ 정도라면 털부처꽃은 150㎝까지도 자란다.

우리나라에서 보고되는 부처꽃은 털부처꽃으로 우리나라에 부처꽃은 자생하지 않는 걸로 받아들여진다.

음력 7월 15일 백중날 연꽃을 대신해 부처님께 공양했고 백중날 즈음에 피어난다 하여 부처꽃이라는 이름이 붙었다.

아직까지 꽃이 싱싱하게 남아 있으니 참 반갑기 이를 데 없다. 오랜만에 만나는 절국대(현삼과 절국대속)다. ▼

반기생 일년초로 꽃받침 통은 길쭉한 통형이고, 전체적인 키는 약 30~60㎝다. 자세히 보면 아가리를 벌린 모습이 참배암차즈기를 닮았고 새가 부리를 벌리고 있는 모습처럼도 보인다. 절국대라는 이름은 꽃 모양이 절구(절굿대)를 닮아 붙여졌는데 같은 의미의 절굿대(국화과 절굿대속)와 혼동할 수도 있다.

꽃이 확연히 다른 국화과의 절굿대(국화과 절굿대속)다. ◀
꽃이 절굿대의 절굿공이 모양을 닮아 붙여졌는데 절국대와 헷갈리기 쉽다.

이 아이를 보면 숨이 턱턱 막힌다. 이 녀석들이 자라는 곳엔 다른 식물체가 제대로 숨을 쉬고 광합성을 하기가 어렵다.
외래식물(귀화식물)로 생태계교란종인 가시박(박과 가시박속)이다.
뿌리에서 3~5개의 줄기가 나오는데 줄기는

4~8m에 이르고 연한 털이 빽빽하게 난다.
3~4개로 갈라진 덩굴손이 다른 식물체를 감고 올라타 키 큰 나무라도 괴사를 시켜 버리는 무서운 녀석이다.
서울 한강변의 버드나무나 키가 큰 양버즘나무까지도 집어삼키는 장면을 해마다 너무 많이 보기 때문에 이 녀석들의 출현이 반가울 리 없다.
집 근처 한강을 걷다 나무들을 괴사시키는 가시박 괴물들(^^)을 보면 왜 제대로 제거를 못 하는지에 대해 속상하고 안타까울 때가 많기 때문이다.
분홍장구채를 찾아 한탄강 절벽을 찾았을 때도 가시박 손길이 뻗친 분홍장구채도 만날 수가 있었다.
아이러니지만 사전 정보 없이 자세히 보면 꽃은 산외를 닮기도 하고 예쁘기까지 하다. ▲

여뀌는 약 30종류가 있을 만큼 구별이 쉽지 않은 것이 많다. 털여뀌보다도 줄기며 잎에 털이 많은 기생여뀌(마디풀과 여뀌속)다. 물가 주변 습한 곳에서 자라고, 전초는 40~120㎝ 정도다.
여뀌라는 이름에 대해서는 정확히 알려진 것은 없지만, 귀신을 쫓는다는 의미의 한자 역귀(逆鬼)에서 왔다는 설들이 전해진다. 많은 여뀌 중에서도 향이 있고 홍자색의 꽃이 기생을 연상시킨다 하여 붙여진 이름이다. ▼

흰여뀌(마디풀과 여뀌속)다. ▶
예전엔 이런 여뀌를 명아주(명아자) 잎을 닮았다 하여 명아자여뀌라 했었는데 국가표준식물목록에 명아자여뀌는 사라지고 흰여뀌로 통합이 되었다. 흰색, 홍자색, 그리고 둘 다 섞인 것을 통틀어 흰여뀌라 부르면 된다. 마디는 굵고 마디와 가지 곳곳에는 붉은색을 띤다. 전초는 약 120~150㎝까지도 자란다.

며느리배꼽(마디풀과 여뀌속)이다. ◀
식물 중에는 며느리밑씻개, 며느리배꼽, 며느리밥풀 등 며느리가 들어간 이름도 많은데 며느리가 들어간 이름에는 하나같이 가시와 가시 같은 털이 많다.
며느리배꼽 줄기에는 아래를 향한 가시가 있고, 잎은 삼각 모양이다. 잎자루가 잎 뒤에 올라붙어 있어 배꼽처럼 움푹 들어가 보여 그런 이름이 붙었다는 설이 있다. 깔때기처럼 동그랗게 꽃을 받치는 포엽도 독특함이 있다.
며느리배꼽은 같은 여뀌속의 고마리, 미꾸리낚시, 며느리밑씻개와 비슷하다.

외래식물이자 생태계교란종인 단풍잎돼지풀(국화과 돼지풀속)이 한탄강 일대를 점령해 가고 있다. 잎이 단풍 모양으로 갈라져 단풍잎돼지풀이다.

잎이 단풍 모양으로 갈라지지 않는 것을 둥근잎돼지풀이라 부르기도 하지만 단풍잎의 연속적 변이 과정일 수 있어 국가표준식물목록이나 한반도의 생물다양성에도 둥근잎돼지풀은 따로 등재되어 있지 않고 단풍잎돼지풀로 통합해 보고 있다. ▲

잎이 2~3회 깃꼴로 깊게 갈라지는 이것이 아무 수식 붙지 않는 돼지풀(국화과 돼지풀속)이다. ▶

돼지풀인지 잘 모르는 상태에서는 가늘게 갈라지는 잎 때문에 쑥 종류가 아닌지 착각할 수도 있다. 돼지풀은 단풍잎돼지풀과 더불어 외래식물이자 생태계교란종이다.

돼지풀이라는 이름은 영명의 hogweed(잡초의 총칭)에서 왔고, 화분병(花粉病)을 일으키는 가장 악질종으로 알려져 있어 가축 사료로도 사용하지 않는다.
hog는 '돼지'를 뜻하고, weed는 '잡초' 또는 '제거하다'라는 뜻을 가지고 있다. 우리 어렸을 때 시골에서는 도랑 주변에 많이 자라는 고마리(마디풀과 여뀌속)를 돼지가 잘 먹어 돼지풀이라 부르기도 했다. 물론 그때야 고마리라는 이름조차 알지 못했을 때다.

이것이 일부 충청권이나 전북 쪽에서 돼지풀이라 불렀던 고마리(마디풀과 여뀌속)다. 습한 어디서든 잘 자라니 잡초 취급을 받지만 자세히 들여다보면 꽃은 상당히 예쁘다. 꽃이 작아 '고만이', '꼬마리' 했던 것에서 고마리가 되었을 거라는 추정들을 한다. 잎이 고양이 발바닥을 닮아 붙여졌다는 설도 있다. 고마리는 같은 여뀌속의 며느리밑씻개와도 혼동할 수 있다. ▲

며느리밑씻개(마디풀과 여뀌속)다. ▲

며느리밑씻개는 줄기에 아래로 향한 가시가 촘촘히 박혀 고마리와는 구별이 된다. 며느리밑씻개의 잎은 삼각 모양으로 날카롭고 고마리보다 꽃도 작은 편이다.

화장지가 귀했던 시절, 시어머니가 며느리를 미워해 부드러운 풀잎 대신 가시가 있는 이 풀로 뒤를 닦게 했다는 데에서 유래했다는 얘기도 있으나 일본 꽃 이름 '의붓자식의밑씻개'에서 왔다는 게 정설이라고도 한다. 며느리한테 가시 박힌 잎을 밑씻개로 쓰라 했든, 의붓자식한테 쓰라 했든 어쨌든 둘 다 좋은 의미로 쓰였던 건 아닌 듯하다.

늦게까지 남아 준 덩굴별꽃(석죽과 장구채속 또는 끈끈이장구채속)이다. ▼

369

석죽과의 여러해살이풀 덩굴별꽃은 덩굴성으로 뻗어 가고 꽃이 별꽃을 닮아 덩굴별꽃이라는 이름을 얻었다. 꽃 안쪽에 커다란 결실을 품고 있는 모습도 매력적이다. 열매는 흑진주처럼 윤기가 나는 검은색으로 익는데 열매는 11월에 담은 것이다.

오늘의 주인공, 분홍장구채(석죽과 장구채속 또는 끈끈이장구채속)다. ▼

분홍색으로 피는 분홍장구채는 환경부 지정 멸종위기 야생생물 2급이자 산림청의 적색목록 취약에 속하는 보호 대상이다.
꽃 피는 시기를 10~11월로 정리해 둔 식물도감이나 백과사전 등은 수정이 필요해 보인다. 현재 자생의 꽃은 8~9월에 핀다.
주로 한탄강을 낀 아찔한 수직절벽에 서식하고, 강원도 극히 일부에서도 분홍장구채 자생지가 확인되고 있다.
분홍색 꽃잎은 5장인데 끝이 둘로 갈라져 10장처럼 보이기도 하고, 꽃받침은 종모양이다.
크기는 약 30㎝ 전후 그러나 10㎝로 훨씬 작은 아이들도 많다.
장구채라는 이름은 볼록한 꽃받침 통이 장구 모양을 닮았고, 곧고 길게 뻗은 줄기가 장구의 채처럼 보여 붙여진 이름이다.

처음 분홍장구채가 세상에 나오게 된 것은 러시아의 식물학자 크마로프 박사의 식물 탐사대가 1897년 한반도 북부지역을 답사하며 압록강과 장진강에서 처음 보는 식물을 채집, 1901년 끈끈이장구채와 함께 신종으로 발표했다.

** 환경부 국립생물자원관 '한반도의 생물다양성'에는 분홍장구채를 끈끈이장구채속으로 분류하고, 산림청 국가표준식물목록에는 장구채속으로 분류하고 있다.

참고로 흰색 꽃을 피우는 기본형의 장구채(석죽과 장구채속)다. 분홍장구채에 비해 꽃받침 통의 장구 모양이 더 잘 드러난다. ▶

분홍장구채는 올해도 척박한 바위틈에서 그것도 천 길 벼랑에 매달려 꽃을 피웠다. 벌과 나비를 불러들이고 또다시 내년을 기약하는 기특하고도 당찬 여러해살이풀이다.

높은 수직절벽에 자리하고 있다 뿐, 관심을 가져 보면 그래도 한탄강 곳곳에서 눈 맞춤 할 수 있다.
기후나 환경보다도 사람들 발길과 눈길이 더 무서운 세상이 되었다. 쉽게 사람 손이 닿지 않는 이 조건이 분홍장구채가 살아가기에는 오히려 좋은 서식지가 되었는지도 모른다. 훗날엔 귀하다는 꼬리표 대신 군락으로 유명할 만큼 한탄강을 분홍빛으로 수놓길 바라 본다.

또 한 해가 지나간다.
일과 병행하여 야생화 탐사를 하고 있다.
험지를 찾아다니며 발품도 팔아 보고 하나의 대상을 보기 위해 수차례 같은 장소를 오가기도 한다. 나날이 변해 가는 식생과 식물체계에 대해서도 게을리하지 않으려 배우고 익혀 보지만 아쉬움이 또 한 해를 채우고 만다.
올해 남겨 둔 숙제들이 내년의 작은 불씨가 될 것이라 믿으며 이 글을 끝맺는다.